HSK 인강 · 할인 이벤트

맛있는스쿨 HSK 단과 강좌 할인 쿠폰

할인 코드 **hsk_halfcoupon**

HSK 단과 강좌 할인 쿠폰

50% 할인

할인 쿠폰 사용 안내
1. 맛있는스쿨(cyberjrc.com)에 접속하여 [회원가입] 후 로그인을 합니다.
2. 메뉴中[쿠폰] → 하단[쿠폰 등록하기]에 쿠폰번호 입력 → [등록]을 클릭하면 쿠폰이 등록됩니다.
3. [HSK 단과 강좌] 수강 신청 후, [온라인 쿠폰 적용하기]를 클릭하여 등록된 쿠폰을 사용하세요.
4. 결제 후, [나의 강의실]에서 수강합니다.

쿠폰 사용 시 유의 사항
1. 본 쿠폰은 맛있는스쿨 HSK 단과 강좌 결제 시에만 사용이 가능합니다. 파트별 구매는 불가합니다.
2. 본 쿠폰은 타 쿠폰과 중복 할인이 되지 않습니다.
3. 교재 환불 시 쿠폰 사용이 불가합니다.
4. 쿠폰 발급 후 10일 내로 사용이 가능합니다.
5. 본 쿠폰의 할인 코드는 1회만 사용이 가능합니다.
*쿠폰 사용 문의 : 카카오톡 채널 @맛있는스쿨

전화 화상 · 할인 이벤트

맛있는톡 할인 쿠폰

할인 코드 **jrcphone2qsj**

전화&화상 외국어 할인 쿠폰

10,000원

할인 쿠폰 사용 안내
1. 맛있는톡 전화&화상 중국어(phonejrc.com), 영어(eng.phonejrc.com)에 접속하여 [회원가입] 후 로그인을 합니다.
2. 메뉴中[쿠폰] → 하단[쿠폰 등록하기]에 쿠폰번호 입력 → [등록]을 클릭하면 쿠폰이 등록됩니다.
3. 전화&화상 외국어 수강 신청 시 [온라인 쿠폰 적용하기]를 클릭하여 등록된 쿠폰을 사용하세요.

쿠폰 사용 시 유의 사항
1. 본 쿠폰은 전화&화상 외국어 결제 시에만 사용이 가능합니다.
2. 본 쿠폰은 타 쿠폰과 중복 할인이 되지 않습니다.
3. 교재 환불 시 쿠폰 사용이 불가합니다.
4. 쿠폰 발급 후 60일 내로 사용이 가능합니다.
5. 본 쿠폰의 할인 코드는 1회만 사용이 가능합니다.
*쿠폰 사용 문의 : 카카오톡 채널 @맛있는스쿨

기본서

- ▶ **시작**에서 **합격**까지 **4주** 완성
- ▶ **모의고사 동영상** 무료 제공(6급 제외)
- ▶ **기본서+해설집+모의고사** All In One 구성
- ▶ 필수 **단어장** 별책 제공

맛있는 중국어 HSK 1~2급 첫걸음　　맛있는 중국어 HSK 3급　　맛있는 중국어 HSK 4급　　맛있는 중국어 HSK 5급　　맛있는 중국어 HSK 6급

모의고사

맛있는 중국어 HSK 1~2급 첫걸음 400제　　맛있는 중국어 HSK 3급 400제　　맛있는 중국어 HSK 4급 1000제　　맛있는 중국어 HSK 5급 1000제　　맛있는 중국어 HSK 6급 1000제

- ▶ 실전 HSK **막판 뒤집기!**
- ▶ 상세하고 친절한 **해설집 PDF** 파일 제공
- ▶ 학습 효과를 높이는 **듣기 MP3** 파일 제공

단어장

맛있는 중국어 HSK 1~4급 단어장　　맛있는 중국어 HSK 1~3급 단어장　　맛있는 중국어 HSK 4급 단어장　　맛있는 중국어 HSK 5급 단어장

- ▶ 주제별 분류로 **연상 학습** 가능
- ▶ HSK **출제 포인트**와 **기출 예문**이 한눈에!
- ▶ **단어 암기**부터 HSK **실전 문제 적용**까지 한 권에!
- ▶ 단어&예문 **암기 동영상** 제공

맛있는 중국어 HSK 4급 1000제

HSK

4급

1000제

JRC 중국어연구소 기획·저

맛있는 books

맛있는 중국어 HSK 4급 1000제

초판 1쇄 발행	2018년 11월 30일
초판 6쇄 발행	2024년 4월 30일

기획·저	JRC 중국어연구소
발행인	김효정
발행처	맛있는books
등록번호	제2006-000273호
편집	최정임
디자인	이솔잎
제작	박선희

주소	서울시 서초구 명달로 54 JRC빌딩 7층
전화	구입문의 02·567·3861 | 02·567·3837
	내용문의 02·567·3860
팩스	02·567·2471
홈페이지	www.booksJRC.com

ISBN	979-11-6148-020-6 14720
	979-11-6148-018-3 (세트)
정가	16,900원

머리말

HSK를 준비하는 학습자들이 시간을 제대로 안배하지 못해 시험 문제를 풀지 못하거나, 최신 출제 경향을 파악하지 못해 합격하지 못하는 경우가 있습니다. 이런 학습자들을 위해 실전처럼 충분히 연습해 볼 수 있는 적중률 높은 문제를 수록한 『맛있는 중국어 HSK 1000제』를 기획하게 되었습니다.

『맛있는 중국어 HSK 1000제』는 HSK를 준비하는 학습자들이 좀 더 효율적으로 시험을 준비할 수 있도록 구성했습니다.

1. 최신 경향을 반영한 모의고사 10회분을 수록했습니다. 1000개의 문제를 풀다 보면, 자연스레 문제 유형을 익힐 수 있고 실전 연습을 충분히 할 수 있습니다.

2. 상세하고 친절한 해설집(PDF 파일)을 무료로 제공합니다. 해설집에는 단어, 해석, 공략이 상세하게 제시되어 있어 틀린 문제는 왜 틀렸는지 이해하기 쉽습니다.

3. 듣기 영역에 취약한 학습자를 위해 실제 시험과 동일한 실전용 MP3 파일과 복습할 때 유용한 문제별 MP3 파일을 제공합니다. MP3 파일은 맛있는북스 홈페이지(www. booksJRC.com)에서 무료로 다운로드 할 수 있습니다.

『맛있는 중국어 HSK 1000제』는 JRC 중국어연구소 HSK 연구위원들이 新HSK 시행 이후 출제된 문제를 다각도로 분석하고 최신 출제 경향을 반영하여 모의고사 10회분을 구성했습니다. 연구위원들이 엄선한 문제로 HSK를 준비하다 보면, 합격에 좀 더 쉽고 빨리 다가갈 수 있을 것입니다.

HSK에 도전하는 여러분이 HSK 합격은 물론, 고득점까지 취득할 수 있도록 『맛있는 중국어 HSK 1000제』가 든든한 버팀목이 되어 줄 것입니다. 이제, HSK에 당당히 도전해 보세요!

JRC 중국어연구소

차례

맛있는
중국어
HSK 4급
1000제

『맛있는 중국어 HSK 1000제』
합격을 향한 막판 뒤집기!

1. 최신 경향을 반영한 적중률 높은 실전 모의고사 10회분 수록

실제 HSK 문제와 동일하게 구성한 **최신 모의고사 10회분**을 수록했습니다. 최신 경향을 반영한 문제로 **문제 유형, 시간 분배, 공략 스킬** 등 HSK **합격을 위한 A부터 Z까지** 문제를 풀면서 충분히 연습해 보세요.

2. 합격은 기본, 고득점까지 한 권으로 완벽 대비

문제를 풀면서 시험에 대한 부담감은 줄이고 부족한 실력은 높이세요. 1회부터 10회까지 문제를 풀고 틀린 문제는 해설집을 참고하여 여러 번 복습하다 보면, **합격뿐만 아니라 고득점까지 달성**할 수 있습니다.

모의고사 1~2회	모의고사 3~9회	모의고사 10회
문제 유형 파악	실전 트레이닝	고득점을 위한 마무리

3. 상세하고 친절한 해설집 PDF 파일 무료 제공

문제를 제대로 이해하고 학습할 수 있도록 1000개의 문제에 대한 단어, 해석, 공략이 모두 담겨 있는 **해설집 PDF 파일을 무료로 제공**합니다. 지금 바로 **맛있는북스 홈페이지(www.booksJRC.com)**에서 다운로드 하세요.

4. 학습 효과를 높이는 듣기 음원 파일 제공

실제 시험과 동일한 형식과 속도로 녹음한 **실전용 MP3 파일**과 복습할 때 필요한 문제만 골라 들을 수 있는 **문제별 MP3 파일**을 제공합니다. 모의고사를 풀 때는 실전용 MP3 파일로, 복습할 때는 문제별 MP3 파일로 편리하게 학습하세요. 또한, 듣기 영역에 취약한 학습자들은 문제별 MP3 파일과 녹음 대본을 활용하여 안 들리는 부분을 집중적으로 트레이닝 할 수 있습니다.

실전용 MP3　　문제별 MP3　　녹음 대본

HSK, 이렇게 시작해 보세요!

Step 1.

MP3 파일을 다운로드 해주세요. 도서에 수록된
QR 코드를 찍으면 실전용 MP3 파일이 바로 재생
됩니다.

(MP3 파일은 **맛있는북스 홈페이지(www.booksJRC.com)**
에서 **무료**로 **다운로드** 할 수 있습니다.)

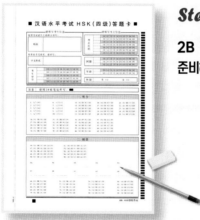

Step 2.

2B 연필과 지우개, 도서 뒤에 있는 **답안카드**를
준비해 주세요.

Step 3.

시험에 방해되는 요소들을 제거한 후, 오늘 학습
할 부분을 펴고 타이머를 맞춰 주세요.

Step 4.

정해진 시간 안에 실제 시험처럼 문제를 풀고 정답을 맞춰 보세요.

(HSK 4급의 시험 시간은 **독해 영역 40분, 쓰기 영역 25분**입니다.)

Step 5.

해설집 PDF 파일을 다운로드 한 후, 틀린 문제는 해설집을 보면서 복습해 보세요.

(해설집 PDF 파일은 맛있는북스 홈페이지(www.booksJRC.com) 자료실에서 무료로 다운로드 할 수 있습니다.)

Step 6.

듣기 영역을 복습할 때는 **문제별 MP3 파일**에서 편리하게 음원을 찾아 들으세요. 같은 문제를 여러 번 들으면서 듣기 트레이닝을 해보고, 잘 안 들리는 내용은 본 도서에 수록된 **녹음 대본**을 확인하세요. 녹음 대본은 잘라서 편리하게 활용할 수 있습니다.

학습 자료, 이렇게 다운로드 하세요!

PC에서

맛있는북스 홈페이지 접속
(www.booksJRC.com)

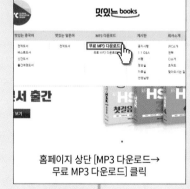

홈페이지 상단 [MP3 다운로드→
무료 MP3 다운로드] 클릭

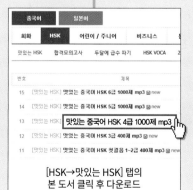

[HSK→맛있는 HSK] 탭의
본 도서 클릭 후 다운로드

PC&모바일에서

맛있는북스 홈페이지 접속
(www.booksJRC.com)

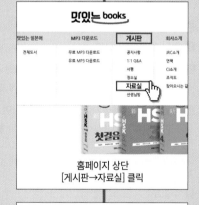

홈페이지 상단
[게시판→자료실] 클릭

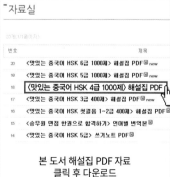

본 도서 해설집 PDF 자료
클릭 후 다운로드

HSK 소개

1. HSK란?

HSK(汉语水平考试 **H**ànyǔ **Sh**uǐpíng **K**ǎoshì)는 제1언어가 중국어가 아닌 사람의 중국어 능력을 평가하기 위해 만들어진 중국 정부 유일의 국제 중국어 능력 표준화 고시입니다. 생활, 학습, 업무 등 실생활에서의 중국어 운용 능력을 중점적으로 평가합니다.

2. 시험 구성

HSK는 중국어 듣기·독해·쓰기 능력을 평가하는 **필기 시험**(HSK 1~6급)과 중국어 말하기 능력을 평가하는 **회화 시험**(HSKK 초급·중급·고급)으로 나뉘며, 필기 시험과 회화 시험은 각각 독립적으로 시행됩니다.

HSK	HSK **1급**	HSK **2급**	HSK **3급**	HSK **4급**	HSK **5급**	HSK **6급**
	150 단어 이상	300 단어 이상	600 단어 이상	1200 단어 이상	2500 단어 이상	5000 단어 이상
HSKK	HSKK **초급**		HSKK **중급**		HSKK **고급**	

3. 시험 방식

- PBT(**P**aper-**B**ased **T**est) : 기존 방식의 시험지와 OMR 답안지로 진행하는 시험 방식입니다.
- IBT(**I**nternet-**B**ased **T**est) : 컴퓨터로 진행하는 시험 방식입니다.

4. 원서 접수

1 **인터넷 접수** : HSK한국사무국(www.hsk.or.kr) 홈페이지에서 접수

2 **우편 접수** : 구비 서류를 동봉하여 HSK한국사무국으로 등기 발송

　+ 구비 서류 : 응시원서, 최근 6개월 이내에 촬영한 반명함판 사진 2장(1장은 응시원서에 부착), 응시비 입금 영수증

3 **방문 접수** : 서울공자아카데미로 방문하여 접수

　+ 구비 서류 : 응시원서, 최근 6개월 이내에 촬영한 반명함판 사진 3장, 응시비

5. 시험 당일 준비물

1 **수험표**

2 **유효 신분증**

　+ 주민등록증 기발급자 : 주민등록증, 운전면허증, 기간 만료 전의 여권, 주민등록증 발급 신청 확인서

　+ 주민등록증 미발급자 : 기간 만료 전의 여권, 청소년증, 청소년증 발급 신청 확인서, HSK신분확인서(한국 내 소재 초·중·고등학생만 가능)

　+ 군인 : 군장교 신분증(군장교일 경우), 휴가증(현역 사병일 경우)

　주의! 학생증, 사원증, 국민건강보험증, 주민등록등본, 공무원증 등은 신분증으로 인정되지 않음

3 **2B 연필, 지우개**

 HSK 4급 소개

HSK 4급에 합격한 응시자는 여러 영역에 관련된 화제에 대해 중국어로 토론할 수 있습니다. 또한 비교적 유창하게 원어민과 대화하고 교류할 수 있습니다.

1. 응시 대상

HSK 4급은 매주 2~4시간씩 4학기(190~400시간) 정도의 중국어를 학습하고, 1200개의 상용 어휘와 관련 어법 지식을 마스터한 학습자를 대상으로 합니다.

2. 시험 내용

영역		문제 유형	문항 수	시험 시간	점수
듣기(听力)	제1부분	단문을 듣고 제시된 문장의 옳고 그름 판단하기	10	약 30분	100점
	제2부분	두 사람의 대화를 듣고 질문에 답하기	15		
	제3부분	4~5개 문장의 대화 또는 단문을 듣고 1~2개 질문에 답하기	20		
듣기 영역 답안 작성				5분	
독해(阅读)	제1부분	빈칸에 들어갈 알맞은 어휘 고르기	10	40분	100점
	제2부분	제시된 3개의 문장을 순서대로 배열하기	10		
	제3부분	단문을 읽고 1~2개 질문에 답하기	20		
쓰기(书写)	제1부분	주어진 어휘를 조합하여 문장 만들기	10	25분	100점
	제2부분	제시된 그림을 보고 주어진 어휘로 문장 만들기	5		
합계			100 문항	약 100분	300점

※응시자 개인 정보 작성 시간(5분)을 포함하여 약 105분간 시험이 진행됩니다.
※듣기 영역의 답안 작성은 듣기 시간 종료 후, 5분 안에 답안카드에 표시해야 합니다.
※각 영역별 중간 휴식 시간이 없습니다.

3. HSK 성적표

· HSK 4급 성적표는 듣기 · 독해 · 쓰기 세 영역의 점수와 총점이 기재됩니다. 성적표는 **시험일로부터 45일 이후**에 발송됩니다.
· 각 영역별 만점은 100점이며, **총점**은 **300점 만점**입니다. 영역별 점수에 상관없이 총점 180점 이상이면 합격입니다.
· HSK PBT 성적은 시험일로부터 1개월, IBT 성적은 시험일로부터 2주 후 중국고시센터(www.chinesetest.cn) 홈페이지에서 조회할 수 있습니다.
· HSK 성적은 시험일로부터 2년간 유효합니다.

HSK 4급 유형 소개

✚듣기 (총 45문항, 약 30분)

제1부분(총 10문항)

옳고 그름을 판단하세요.

한 단락의 문장을 듣고 제시된 문장과 녹음 내용이 일치하는지 판단하는 문제로, 녹음 내용은 한 번만 들려 줍니다. 일치하면 √, 일치하지 않으면 X에 마킹합니다.

제2부분(총 15문항)

알맞은 답을 고르세요.

두 사람의 간단한 대화를 듣고 보기 ABCD 중에서 알맞은 답을 고르는 문제로, 녹음 내용은 한 번만 들려 줍니다.

제3부분(총 20문항)

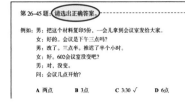

알맞은 답을 고르세요.

두 사람의 비교적 긴 대화 또는 단문을 듣고 보기 ABCD 중에서 알맞은 답을 고르는 문제로, 녹음 내용은 한 번만 들려 줍니다.

✚독해 (총 40문항, 40분)

제1부분(총 10문항)

단어를 골라 빈칸을 채우세요.

문장 혹은 대화형으로 이루어진 문제의 빈칸에 들어갈 알맞은 어휘를 선택하는 문제입니다.

제2부분 (총 10문항)

어순에 맞게 배열하세요.

세 개의 보기를 의미가 자연스럽게 연결되도록 배열하는 문제입니다.

제3부분 (총 20문항)

알맞은 답을 고르세요.

한 단락의 글을 읽고 1~2개의 질문에 알맞은 답을 보기 ABCD 중에서 선택하는 문제입니다.

✚ 쓰기 (총 15문항, 25분)

제1부분 (총 10문항)

문장을 완성하세요.

주어진 어휘나 구를 조합하여 어순에 맞는 정확한 문장으로 배열하는 문제입니다.

제2부분 (총 5문항)

그림을 보고 단어를 사용하여 문장을 만드세요.

제시된 그림과 주어진 단어를 활용하여 이와 관련 있는 정확한 문장을 만드는 문제입니다.

단기간에 HSK 완전 정복!

01

시작에서 합격까지 4주 완성
맛있는 중국어 新HSK

무료 동영상 제공 (모의고사 2회분)

| 박수진 저 | 19,500원 | 박수진 저 | 22,500원 | 왕수인 저 | 23,500원 | 장영미 저 | 24,500원 | JRC 중국어연구소 저 | 25,500원 |

★ 시작에서 **합격까지 4주** 완성
★ **기본서, 해설집, 모의고사, 단어장, 무료 동영상 강의**(모의고사 2회분, 1-5급) 제공
★ **최신** 경향을 반영한 **적중률** 높은 **공략**과 **문제**로 구성
★ **반복적인 문제 풀이 훈련**으로 HSK 합격
★ 영역별 특성에 맞춘 **특화된 트레이닝 코너** 수록

기본서, 해설집, 모의고사 All In One 구성

한눈에 보이는 공략 · 간략하고 명쾌한 · 실전에 강한

기본서 + 해설집 + 모의고사 + 필수단어 1200

HSK의 권위자 북경어언대 倪明亮 교수 감수

전공략 新**HSK**
원패스 합격모의고사

김지현 저 | 19,500원   김은정 저 | 19,500원   차오진옌·권연은 저 | 22,000원

★ 최신 출제 경향과 난이도를 반영한 **모의고사 5세트**

★ 新HSK 전문 강사의 **합격 전략 무료 동영상** 강의

★ 명쾌한 비법 **합격 전략 D-5**

★ 2013 한반(汉办) **개정 단어**를 수록한 **합격 보카**

★ **문제별&속도별** 다양한 **MP3** 파일 제공

★ **듣기 트레이닝 북** 무료 다운로드

최다 콘텐츠 수록!

해설집 + **문제집** + **합격 전략집** + **합격 보카**

HSK 단어 30일 완성 프로젝트
맛있는 중국어 HSK 단어장

★ 주제별 분류로 **연상 학습**이 가능한 **단어장**

★ HSK **출제 포인트**와 **기출 예문**이 한눈에!

★ **단어 암기**부터 HSK **실전 문제 적용**까지 한 권에!

★ **발음**이 **정확**한 원어민 성우의 **녹음 QR코드** 수록

★ 무료 **동영상 강의**(1-4급), **암기 노트**(5급) 제공

양영호·박현정 저 | 14,000원   JRC 중국어연구소 저 | 15,500원

나는 _____년 ____월 ____일

HSK 4급 시험에서 _____점으로 합격한다!

모의고사 1회부터 10회까지 문제를 풀고 점수를 기입해 보세요.

HSK 4급은 듣기 · 독해 · 쓰기 세 영역의 총점이 <u>**180점 이상이면 합격**</u> 입니다.

	학습일	듣기(听力)	독해(阅读)	쓰기(书写)	총점
1회	/				
2회	/				
3회	/				
4회	/				
5회	/				
6회	/				
7회	/				
8회	/				
9회	/				
10회	/				

01회

모의고사

준비 다 되셨나요?

녹음 듣기

1. 듣기 파일은 트랙 'TEST 01'입니다.
   (듣기 파일은 **맛있는북스 홈페이지**(www.booksJRC.com)에서 무료로 다운로드 할 수 있습니다.)
   미리 준비하지 않으셨다면 **QR코드**를 스캔해서 듣기 파일을 준비해 주세요.

2. **답안카드**는 본책 259쪽에 수록되어 있습니다. 한 장을 자른 후에 답을 기입하세요.

3. 2B연필, 지우개, 시계도 준비하셨나요? 2B연필은 두 개를 준비하면 더 좋습니다. 하나는 마킹용,
   다른 하나는 쓰기 영역을 풀 때 사용하세요.

好的开始是成功的一半!

시작이 반이다!

汉 语 水 平 考 试
HSK(四级)

注　意

一、HSK (四级) 分三部分：

　　1.　听力 (45题，约30分钟)

　　2.　阅读 (40题，40分钟)

　　3.　书写 (15题，25分钟)

二、听力结束后，有5分钟填写答题卡。

三、全部考试约105分钟 (含考生填写个人信息时间5分钟)。

一、听 力

第一部分

第 1–10 题：判断对错。

例如：我想去办个信用卡，今天下午你有时间吗? 陪我去一趟银行?

    ★ 他打算下午去银行。   (√)

    现在我很少看电视，其中一个原因是，广告太多了，不管什么时间，也不管什么节目，只要你打开电视，总能看到那么多的广告，浪费我的时间。

    ★ 他喜欢看电视广告。   (×)

1. ★ 孙子数学成绩不差。   (   )

2. ★ 秋雨过后会降温。   (   )

3. ★ 那场音乐会很成功。   (   )

4. ★ 那本杂志每两个月出一本。   (   )

5. ★ 妈妈想给张阿姨打电话。   (   )

6. ★ 弟弟现在无法踢足球。   (   )

7. ★ 那个活动被取消了。   (   )

8. ★ 一个国家只能有一个首都。   (   )

9. ★ 他很感谢那个网站。   (   )

10. ★ 他没有丢过钥匙。   (   )

第二部分

第11-25题：请选出正确答案。

例如：女：该加油了，去机场的路上有加油站吗？

　　　男：有，你放心吧。

　　　问：男的主要是什么意思？

　　A 去机场　　　　B 快到了　　　　C 油是满的　　　　D 有加油站 √

11.　A 半个月　　　　B 3个月　　　　C 6个月　　　　D 一年半

12.　A 买东西　　　　B 开网店　　　　C 提建议　　　　D 做网站

13.　A 咖啡　　　　　B 冰红茶　　　　C 苹果汁　　　　D 葡萄汁

14.　A 护照　　　　　B 身份证　　　　C 银行卡　　　　D 出生证明

15.　A 不感兴趣　　　B 没报上名　　　C 被取消了　　　D 考试太难

16.　A 是硕士　　　　B 放弃留学　　　C 要参加考试　　　D 找到工作了

17.　A 感冒了　　　　B 迟到了　　　　C 头一直疼　　　　D 打算请假

18.　A 餐厅　　　　　B 机场　　　　　C 百货店　　　　D 理发店

19.　A 毛巾　　　　　B 水果　　　　　C 矿泉水　　　　D 笔记本

20.　A 收传真　　　　B 发邮件　　　　C 复印材料　　　　D 去办公室

21. **A** 在等回信　　　**B** 要去寄信　　　**C** 要参加比赛　　　**D** 拿到了奖学金

22. **A** 天气冷　　　**B** 交通不便　　　**C** 暂时没货　　　**D** 赶上"双十一"

23. **A** 照相　　　**B** 等通知　　　**C** 重新申请　　　**D** 补交材料

24. **A** 付钱　　　**B** 取款　　　**C** 打电话　　　**D** 买机票

25. **A** 年纪大　　　**B** 生病了　　　**C** 在感谢男的　　　**D** 要请男的吃饭

第三部分

第26-45题：请选出正确答案。

例如：男：把这个材料复印5份，一会儿拿到会议室发给大家。

女：好的。会议是下午三点吗？

男：改了。三点半。推迟了半个小时。

女：好。602会议室没变吧？

男：对，没变。

问：会议几点开始？

    A 两点　　　　**B** 3点　　　　**C** 3:30 √　　　　**D** 6点

26. **A** 加油站　　　　**B** 停车场　　　　**C** 修理店　　　　**D** 收费站

27. **A** 老师要求　　　　**B** 方便出去　　　　**C** 后边没座位　　　　**D** 女的没戴眼镜

28. **A** 小伙子　　　　**B** 王律师　　　　**C** 新职员　　　　**D** 男朋友

29. **A** 不环保　　　　**B** 不干净　　　　**C** 不方便　　　　**D** 不够用

30. **A** 买家具　　　　**B** 搬东西　　　　**C** 去医院　　　　**D** 收拾客厅

31. **A** 邮局　　　　**B** 电影院　　　　**C** 电视台　　　　**D** 动物园

32. **A** 想拿奖金　　　　**B** 工作太难　　　　**C** 证明自己　　　　**D** 没完成任务

33. **A** 看家　　　　**B** 打扫卫生　　　　**C** 照顾小狗　　　　**D** 接孩子回家

34. **A** 要喝茶　　　　**B** 睡得不好　　　　**C** 帮女的忙　　　　**D** 没有现金

35. **A** 记者   **B** 厨师   **C** 修理工   **D** 售货员

36. **A** 有雨   **B** 天气晴   **C** 很凉快   **D** 天要黑了

37. **A** 鱼的世界   **B** 季节的变化   **C** 动物怎么交流   **D** 大自然的语言

38. **A** 生意很好   **B** 家人支持   **C** 顾客满意   **D** 很有意思

39. **A** 需要服务员   **B** 在购物中心   **C** 不能用现金   **D** 关门时间早

40. **A** 鼓励自己   **B** 让他放松   **C** 觉得他可爱   **D** 想起了自己

41. **A** 想换医生   **B** 害怕打针   **C** 不想生病   **D** 相信医生

42. **A** 填表   **B** 写计划   **C** 说出烦恼   **D** 认真听课

43. **A** 改变学校环境   **B** 让食堂变更好   **C** 解决学生难题   **D** 降低饭菜价格

44. **A** 支持   **B** 不理解   **C** 完全同意   **D** 有不同观点

45. **A** 发音   **B** 语法   **C** 写作   **D** 好习惯

二、阅 读

第一部分

第46–50题：选词填空。

A 缺点　　　　B 失望　　　　C 提供　　　　D 坚持　　　　E 差不多　　　　F 份

例如：她每天都（　　D　　）走路上下班，所以身体一直很不错。

46. 这部电影非常有意思，保证不会让你（　　　　　　　　）。

47. 我儿子没有别的（　　　　　　　），就是喜欢睡懒觉。

48. 您有什么需要就告诉我，我们会为您（　　　　　　　）最满意的服务。

49. 本店今日有特别活动，只要购物满50元，就送您一（　　　　　　　）礼物。

50. 虽然这几台电视机看起来（　　　　　　　），但是质量却有好有坏。

第 51–55 题：选词填空。

A 光　　　　B 翻译　　　　C 温度　　　　D 保护　　　　E 情况　　　　F 可惜

例如：A：今天真冷啊，好像白天最高（　　C　　）才2℃。

　　　B：刚才电视里说明天更冷。

51. A：听说你昨天陪奶奶去体检了，（　　　　　）怎么样？

　　 B：具体还不太清楚，结果要三天以后才能出来。

52. A：你怎么（　　　　　）喝牛奶啊？再吃一个鸡蛋。

　　 B：没时间吃了，要来不及了。

53. A：他跟第一名就差0.1秒，只要再快一点儿就能超过的。

　　 B：真是太（　　　　　）了，希望他下次能拿到冠军。

54. A：你在做什么呢？

　　 B：这是眼保健操，可以有效地（　　　　　）眼睛。

55. A：我觉得这句话（　　　　　）得不对，你来看看。

　　 B：好像是有点儿问题，我们去问问老师吧。

第二部分

第56-65题：排列顺序。

例如：A 可是今天起晚了

      B 平时我骑自行车上下班

      C 所以就打车来公司   <u>**B A C**</u>

56. A 于是就打开看看有没有主人的信息

      B 我今天在路边发现了一个钱包

      C 结果一看身份证，竟然是我老同学的   <u>   </u>

57. A 小李平时非常爱热闹，喜欢说话

      B 一个人在房间里，非常安静

      C 然而回到家，在父母面前却完全相反   <u>   </u>

58. A 我在郊区买了房子

      B 因此我只好每天坐一个小时的地铁去上班

      C 可是工作地点离郊区太远   <u>   </u>

59. A 都记在了这本日记里

      B 这些都是我最难忘的回忆

      C 我留学时所有的烦恼和快乐   <u>   </u>

60. A 而是它是否适合你自己

B 我认为一份真正的好工作

C 不是工资到底有多高

_____

61. A 茶文化也就慢慢地发展起来了

B 后来发现喝茶对身体有好处

C 最初人们认为茶叶是一种苦菜

_____

62. A 互联网一直在改变我们的生活

B 比如现在的很多工作都离不开电脑

C 甚至有一些人不用去公司，只在家里工作

_____

63. A 所以最好提前预习一下

B 否则可能不知道老师在讲什么

C 我们明天要学的内容有点儿难

_____

64. A 既然你选择了经济学这个专业

B 就要认真地学习、研究

C 希望你将来在这个方面取得好成绩

_____

65. A 却忘记了自己也接受过很多

B 很多人都记得给过别人帮助

C 而且记忆十分深刻

_____

第三部分

第66-85题：请选出正确答案。

例如：她很活泼，说话很有趣，总能给我们带来快乐，我们都很喜欢和她在一起。

★ 她是个什么样的人？

A 幽默 √   B 马虎   C 骄傲   D 害羞

66. 我妻子是一个方向感很差的人。外出的时候，她经常会打电话问我路，比如"上次去的餐厅在哪儿"、"那个安静的咖啡馆搬家了吗"。

★ 说话人的妻子：

A 生病了   B 爱喝咖啡   C 没有工作   D 方向感不好

67. 鸡汤本来是一道菜的名字，营养丰富，对身体很好。不过现在人们把带有教育意义的文章叫做"鸡汤文"。

★ 根据上文，鸡汤文：

A 很流行   B 对身体好   C 有教育意义   D 出现在网上

68. 我小时候的好朋友现在已经成为了一名著名的钢琴家，经常去世界各地演出。我们每年春节的时候都会见面，聊聊以前的事、现在的生活。

★ 说话人的好朋友现在：

A 很骄傲   B 非常有名   C 是歌唱家   D 住在国外

69. 门球是在平地或草地上进行的一种室外球类游戏，它简单易学、轻松有趣，很多老年人也十分喜爱这项运动。

    ★ 门球的特点是：

    A 容易学　　　　B 适合年轻人　　C 只有一个球　　D 在室内进行

70. 跟森林一样，海洋中也生活着许许多多的动植物。今天我们就在海洋馆里，一起看看神秘的海洋世界，观察一下这些动植物到底长什么样子。

    ★ 海洋里的动物和植物：

    A 数量多　　　　B 长得快　　　　C 生命力强　　　D 正在减少

71. 喂，您好！我们要把今年的中秋节礼物寄给您，您能把具体的住址和联系方式用短信发给我们吗？

    ★ 说话人打电话的目的是：

    A 找人　　　　　B 问地址　　　　C 解释原因　　　D 要送客人

72. 这只小猫脸大大的、圆圆的，所以我们家人都叫它"大脸猫"。大脸猫已经跟我们一起生活五年了，我们都离不开它，它就是我的亲人、我的朋友。

    ★ 关于大脸猫，可以知道：

    A 五岁了　　　　B 每天睡觉　　　C 吃得很多　　　D 因样子而得名

73. 王老师参加教学工作三十多年了。这些年来，她在课堂上，认真负责；在生活中，对每一名学生都像自己的孩子一样，因此赢得了大家的尊重。

    ★ 关于王老师，可以知道：

    A 很有实力　　　B 没有子女　　　C 受人尊重　　　D 要离开学校

74. 张明同学，恭喜你通过了我们的初选。面试将于下周三上午十点举行，地点是主楼115教室。请按照规定的时间到场。谢谢！

　　★ 说话人提醒张明：

　　　A 穿西服　　　　B 准时到　　　　C 准备材料　　　D 交报名表

75. 今天早上来办公室的时候，我的桌子上放着一个信封。我以为是老板给我发了奖金，可是打开一看，里面是空的，真奇怪！

　　★ 关于那个信封，可以知道：

　　　A 装了钱　　　　B 老板送的　　　　C 里面没东西　　D 从国外寄来的

76. 尽管我仔细阅读了说明书，但我仍然不知道怎么使用这台打印机。我在网上查了一下，有很多人跟我遇到了同样的麻烦。看来我得给售后服务中心打个电话，找人来帮我看一下。

　　★ 说话人接下来可能会做什么？

　　　A 找朋友帮忙　　B 上网查资料　　C 重新读说明书　D 联系服务中心

77. 随着科技的迅速发展，一般人都会通过打电话或者发信息交流。但我却喜欢写信。大概是因为看到信上的字感到愉快和熟悉吧。

　　★ 说话人认为写信：

　　　A 不麻烦　　　　B 获得同情　　　　C 能增加感情　　D 能带来好心情

78. 很抱歉，由于我们职员的粗心，还让您专门过来一趟，真是给您添麻烦了。不过您放心，我们已经仔细检查过了，问题全都解决了。

　　★ 职员们之前：

　　　A 很马虎　　　　B 收入低　　　　C 没有信心　　　D 顺利完成工作

79. 这部小说充满想象力，内容十分精彩。很多读者都有这样的感受，就好像是被作者带到了一个从来没有去过的世界，不想离开。

★ 很多读者觉得通过那本小说，能：

A 学到知识　　　B 看到新世界　　　C 丰富业余生活　D 提高口语水平

80–81.

作家钱钟书认为天下只有两种人，比如吃一串葡萄，一种人先吃最好的，而另一种人把最好的留在最后吃。很多人认为第一种人比第二种人乐观，因为他们吃到的每一颗葡萄都是剩下的当中最好的，而第二种人吃到的每一颗都是剩下的当中最坏的。然而事实却相反，原因在于第二种人还有希望，而第一种人只有回忆。

★ 关于第一种人，可以知道什么？

A 让人羡慕　　　B 先吃好的　　　C 值得学习　　　D 更加勇敢

★ 根据这段话，第二种人：

A 压力太大　　　B 市场变小　　　C 还有希望　　　D 竞争者很多

82–83.

"正"字有两个读音。一般情况下，我们都会读成四声，比如"正好"、"正确"、"正常"。但当它表示"农历一月"的时候，我们会把"正月"的"正"读成一声。关于人们为什么读成一声，有很多说法，不过现在已经成为中国人的习惯了。

★ "正"字在什么情况下不会被读成四声？

A 正常　　　　　B 正确　　　　　C 正月　　　　　D 正好

★ 关于"正月"的"正"字被读成一声，可以知道：

A 历史很久　　　B 人们不满意　　C 受到了怀疑　　D 成为一种习惯

84-85.

汽车成了很多人日常生活的必需品。随着买车的人越来越多，停车也成为了大问题。开车出门，不仅要担心堵车问题，还得提前查好目的地有没有可以停车的地方。所以最好的出行方式就是利用公共交通，坐地铁或者公交车，既解决了堵车、停车的麻烦，又有利于环保。

★ 根据上文，什么成了大问题？

   A 停车   B 洗车   C 费用   D 修理

★ 使用公共交通有什么好处？

   A 非常安全   B 减少麻烦   C 节省时间   D 随时下车

三、书 写

第一部分

第86-95题：完成句子。

例如：那座桥　　　　800年的　　　　历史　　　有　　　了

<u>那座桥有800年的历史了。</u>

86. 30米　　　　这座桥　　　　高　　　大概有

87. 冷静下来　　　让　　　他无法　　　自己

88. 警察给　　　写了　　　表扬信　　　那个小朋友　　　一封

89. 十多　　　打折活动　　　已经　　　天　　　进行了

90. 非常　　　是个　　　幽默的　　　人　　　李护士

91. 顺便把　　　时候　　　垃圾　　　扔了　　　你出去运动的

92. 十分突然　　　来　　　那个　　　消息　　　得

93. 儿子　　　坚持认为　　　是对的　　　自己的答案

94. 当时不　　　难道　　　吗　　　你　　　吃惊

95. 一场大雪　　　那天　　　弟弟出生的　　　下了

第二部分

第96-100题：看图，用词造句。

例如： 乒乓球　　她很喜欢打乒乓球。_____

96. 　挂

97. 　镜子

98. 　香

99. 　适合

100. 　难过

02회 모의고사

준비 다 되셨나요?

1. 듣기 파일은 트랙 'TEST 02'입니다.
   (듣기 파일은 **맛있는북스 홈페이지**(www.booksJRC.com)에서 무료로 다운로드 할 수 있습니다.)
   미리 준비하지 않으셨다면 **QR코드**를 스캔해서 듣기 파일을 준비해 주세요.

2. **답안카드**는 본책 259쪽에 수록되어 있습니다. 한 장을 자른 후에 답을 기입하세요.

3. 2B연필, 지우개, 시계도 준비하셨나요? 2B연필은 두 개를 준비하면 더 좋습니다. 하나는 마킹용,
   다른 하나는 쓰기 영역을 풀 때 사용하세요.

失敗是成功之母!

실패는 성공의 어머니다!

汉语水平考试
HSK(四级)

注　意

一、HSK(四级)分三部分：

    1.　听力 (45题，约30分钟)

    2.　阅读 (40题，40分钟)

    3.　书写 (15题，25分钟)

二、听力结束后，有5分钟填写答题卡。

三、全部考试约105分钟 (含考生填写个人信息时间5分钟)。

一、听 力

第一部分

第1–10题：判断对错。

例如：我想去办个信用卡，今天下午你有时间吗? 陪我去一趟银行?

    ★ 他打算下午去银行。   (√)

    现在我很少看电视，其中一个原因是，广告太多了，不管什么时间，也不管什么节目，只要你打开电视，总能看到那么多的广告，浪费我的时间。

    ★ 他喜欢看电视广告。   (×)

1. ★ 空调已经修好了。   (   )

2. ★ 李医生还没有回来。   (   )

3. ★ 他想当一名律师。   (   )

4. ★ 那本书是关于动物的。   (   )

5. ★ 飞机就要降落了。   (   )

6. ★ 他们对比赛并不失望。   (   )

7. ★ 他希望大家放弃。   (   )

8. ★ 睡觉前最好不要做运动。   (   )

9. ★ 没有人发手机短信了。   (   )

10. ★ 他打算假期结束后爬长城。   (   )

第二部分

第 11-25 题：请选出正确答案。

例如：女：该加油了，去机场的路上有加油站吗?
男：有，你放心吧。
问：男的主要是什么意思?

A 去机场　　　B 快到了　　　C 油是满的　　　D 有加油站 √

11. A 缺页　　　B 不清楚　　　C 少一份　　　D 是空白的

12. A 橡皮　　　B 铅笔　　　C 答案　　　D 笔记本

13. A 下雨　　　B 有风　　　C 暖和　　　D 多云

14. A 工作　　　B 出门　　　C 关窗　　　D 开灯

15. A 宾馆　　　B 大使馆　　　C 便利店　　　D 百货商店

16. A 晚点儿见　　B 一起吃饭　　C 早点儿休息　　D 坐机场大巴

17. A 得奖了　　　B 很兴奋　　　C 决定不写了　　D 写爱情小说

18. A 下周　　　B 礼拜三　　　C 星期二　　　D 这周末

19. A 感冒了　　　B 天气冷　　　C 太累了　　　D 吃得太辣

20. A 银行　　　B 餐厅　　　C 邮局　　　D 体育馆

21. **A** 旅游地点　　　**B** 学习计划　　　**C** 朋友生日　　　**D** 假期安排

22. **A** 做饭　　　　　**B** 减肥　　　　　**C** 睡午觉　　　　**D** 看电影

23. **A** 方便看　　　　**B** 接受阳光　　　**C** 客厅太小　　　**D** 为了照相

24. **A** 继续等　　　　**B** 先开会　　　　**C** 她生病了　　　**D** 电话占线

25. **A** 夫妻　　　　　**B** 亲戚　　　　　**C** 老师和学生　　**D** 爸爸和女儿

第三部分

第26-45题：请选出正确答案。

例如：男：把这个材料复印5份，一会儿拿到会议室发给大家。

女：好的。会议是下午三点吗?

男：改了。三点半。推迟了半个小时。

女：好。602会议室没变吧?

男：对，没变。

问：会议几点开始?

    A 两点   **B** 3点   **C** 3:30 √   **D** 6点

26. **A** 住院   **B** 吃药   **C** 出差   **D** 请假

27. **A** 果汁   **B** 烤鸭   **C** 香蕉   **D** 葡萄

28. **A** 卖光了   **B** 价格贵   **C** 内容丰富   **D** 下个月出

29. **A** 逛街   **B** 照相   **C** 买相机   **D** 试衣服

30. **A** 环境安静   **B** 要有电梯   **C** 允许养狗   **D** 离地铁站近

31. **A** 去公司   **B** 查资料   **C** 用塑料袋   **D** 在网上卖

32. **A** 打印   **B** 整理东西   **C** 帮女的换鞋   **D** 买大号衣服

33. **A** 环保   **B** 搞活动   **C** 书店打折   **D** 儿童节到了

34. **A** 提前准备   **B** 检查身体   **C** 戴上眼镜   **D** 按要求吃药

35. **A** 不舒服　　　**B** 吃饱了　　　**C** 有约会　　　**D** 心情差

36. **A** 女儿结婚　　**B** 孩子的成绩　**C** 儿子的工作　**D** 自己的身体

37. **A** 很粗心　　　**B** 缺少耐心　　**C** 性格奇怪　　**D** 坚持理想

38. **A** 浪费水　　　**B** 不够喝　　　**C** 污染严重　　**D** 影响健康

39. **A** 很好喝　　　**B** 很干净　　　**C** 没装满　　　**D** 材料特别

40. **A** 味道多样　　**B** 一般不太辣　**C** 不适合外国人　**D** 吸引大量游客

41. **A** 四川很冷　　**B** 川菜很普遍　**C** 熊猫是四川的　**D** 中国人爱喝茶

42. **A** 开车　　　　**B** 坐飞机　　　**C** 坐出租车　　**D** 坐顺风车

43. **A** 很勇敢　　　**B** 性格善良　　**C** 方向相反　　**D** 互相不认识

44. **A** 九点　　　　**B** 十点　　　　**C** 九点半　　　**D** 十点半

45. **A** 很自信　　　**B** 有些紧张　　**C** 通过了面试　**D** 准备得认真

二、阅 读

第一部分

第46-50题：选词填空。

    A 总结   **B** 景色   **C** 满   **D** 坚持   **E** 羡慕   **F** 肯定

例如：她每天都（   **D**   ）走路上下班，所以身体一直很不错。

46. 接下来，我们请校长为今天的活动做个（   ）。

47. 这趟车坐（   ）了，只能站着了，我们还是等下一趟吧。

48. 真（   ）你，考上了这么好的大学，还拿到了奖学金。

49. 你买了这么多东西，一个塑料袋（   ）放不下，再要一个吧。

50. 张大千是中国的著名画家，他的画多以花草、山水等自然（   ）为主。

第51-55题：选词填空。

A 遍　　　　B 底　　　　C 温度　　　　D 友好　　　　E 符合　　　　F 即使

例如：A：今天真冷啊，好像白天最高（　　C　　）才2℃。

　　　B：刚才电视里说明天更冷。

51. A：电梯怎么又出问题了？我记得上个月（　　　　　　）不是修过一次吗？

　　B：咱们这座楼的电梯太老了，没办法。

52. A：你觉得新来的同事小王怎么样？

　　B：他是个十分（　　　　　　）的人，昨天见到我搬东西，主动帮我提呢。

53. A：老师，对不起，我没听懂，您能再讲一（　　　　　　）吗？

　　B：好的，我这次慢点儿说，你仔细听。

54. A：小刘什么都好，就是听不进去别人的意见。

　　B：我也发现了，（　　　　　　）是他父母的话，他也不听。

55. A：为什么中国人不说"二个人"而说"两个人"呢？

　　B：虽然中国人能听懂"二个人"的意思，但它不（　　　　　　）我们的说话习惯。

第二部分

第 56–65 题：排列顺序。

例如：**A** 可是今天起晚了

  B 平时我骑自行车上下班

  C 所以就打车来公司   <u>**B A C**</u>

56. **A** 都会一个人去爬山，只要一看到大山

  B 他每次遇到烦恼的时候

  C 他的心情很快就会好起来   <u>   </u>

57. **A** 学校教育在孩子的成长过程中起到关键作用

  B 给孩子选择一所好的学校非常重要

  C 因此对于很多父母来说   <u>   </u>

58. **A** 长大一点儿的时候又想当面包师

  B 现在，我成为了一家贸易公司的职员

  C 我小时候很想当记者   <u>   </u>

59. **A** 从无到有，从小到大

  B 慢慢发展成了最受上班族们喜欢的店

  C 这家早餐店是在叔叔和阿姨的共同努力下   <u>   </u>

60. A 都是他一个人在照顾，让人很感动

B 小马虽然有时候看起来不细心

C 但却很会照顾人，上次他爷爷生病

_____

61. A 一是它的内容是否丰富、有趣

B 我认为判断一部小说的好坏有两个重要标准

C 二是它是否有教育意义

_____

62. A 而且也是一位特别有责任感的人

B 这位著名的演员不但演得很好

C 他十分关心西部儿童的生活

_____

63. A 一共有30位教授参加本次会议

B 另外5位将于今天上午到达

C 其中25位已经于昨天晚上入住了酒店

_____

64. A 经过这次家庭旅游

B 儿子发生了很大的改变

C 尤其是脾气不像以前那么差了

_____

65. A 它告诉我们不管做什么事情

B 都要一点点地积累

C "一口吃不成胖子"指的是因心急而办不成事

_____

第三部分

第66-85题：请选出正确答案。

例如：她很活泼，说话很有趣，总能给我们带来快乐，我们都很喜欢和她在一起。

    ★ 她是个什么样的人？

    A 幽默 √   **B** 马虎   **C** 骄傲   **D** 害羞

66. 羽毛球是一项男女老少都喜欢的运动，它不仅有意思、锻炼身体，而且对场地的要求也很低，不管是公园还是广场，只要有一片空地，就可以打羽毛球。

    ★ 根据上文，羽毛球的特点是：

    A 速度快   **B** 运动量大   **C** 适合晚上打   **D** 场地要求低

67. 奶奶的小吃店原来开在学校附近，每天很多学生来吃饭。可是自从两年前，学校搬走了，小吃店的生意也没以前好了。奶奶正考虑要不要把店卖了。

    ★ 关于奶奶的小吃店，可以知道：

    A 很便宜   **B** 没有服务员   **C** 生意变差了   **D** 饺子很好吃

68. 虽然每年有很多毕业生选择去大城市工作，但根据最新的调查，越来越多的年轻人选择中小城市，这主要是因为中小城市的生活和工作压力没有大城市那么大。

    ★ 为什么很多人选择去中小城市工作？

    A 工资高   **B** 生活压力小   **C** 空气质量好   **D** 可以照顾父母

69. 我现在真后悔没提前买机票，现在去海南的机票是平时的两倍。可是这个假期不去，我今年就没有机会去了，所以我不得不把机票买下来。

★ 根据这段话，下列哪个正确？

A 放弃去海南　　B 计划改变了　　C 机票变贵了　　D 没有座位了

70. 您身体没有什么大问题，不要担心。这是我给您开的药，您一会儿去药房拿。回家以后注意休息，按时吃药。一个星期以后再过来检查一下。

★ 说话人可能是做什么工作的？

A 大夫　　　　B 律师　　　　C 警察　　　　D 导游

71. 烦心事无处不在，关键在于你看它的态度。有的人把它当做一座山，无法过去，压力越来越大；而有的人把它当做一座桥，认为这是人生的必经之路。

★ 根据上文，烦心事：

A 使人进步　　B 人人都有　　C 很难忘掉　　D 是一种回忆

72. 这门课无论是教师，还是教学内容，都安排得非常好，不过你看能不能再把价格稍微降一点儿，这样也许会更有竞争力。

★ 说话人在担心什么问题？

A 老师　　　　B 费用　　　　C 时间　　　　D 内容

73. 大家都知道，游泳的时候要戴泳镜。泳镜不但能保护人的眼睛，不让脏东西进入，而且还能让人们在水下看得清清楚楚。

★ 这段话主要谈的是：

A 游泳的方法　　B 泳帽的作用　　C 戴泳镜的好处　　D 护眼的重要性

74. 夜来香是中国南方一种常见的植物，它的花、叶可入药。夜来香一般在5月到8月期间开花，主要有黄绿色、白色、浅红色等，但却很少结果。

   ★ 关于夜来香，可以知道：

   A 8月结果　　　B 晚上开花　　　C 味道很香　　　D 能开白花

75. 小光和小雪两个人毕业没多久就结婚了，当时这让周围很多人都感到吃惊。不过现在过去很多年了，他们仍然过得很幸福。

   ★ 关于小光和小雪，下列哪个正确？

   A 还没毕业　　　B 长得很像　　　C 结婚很早　　　D 换了工作

76. 这场演出大约一个半小时，进场之前我很担心会不会太无聊，但我却被演员们精彩的表演吸引住了，一个半小时不知不觉就过去了。

   ★ 关于演出，可以知道：

   A 很精彩　　　B 有些无聊　　　C 非常感动　　　D 只有一场

77. 我姐姐是电视台的播音员，很多人觉得她的工作很简单，只要每天按照台词读就可以了。然而并不是这样，她为了有一个好状态，每天早上都要练习很长时间发音才去上班。

   ★ 根据上文，姐姐：

   A 工作简单　　　B 下班很晚　　　C 是外语专业　　　D 经常练习发音

78. 公司这次请了国内非常有人气的歌手来拍广告，目的就是增加广告的吸引力。结果证明，公司的决定是对的。

   ★ 关于公司的广告，可以知道：

   A 获奖了　　　B 很吸引人　　　C 还没拍完　　　D 在网上播出

79. "大连国际啤酒节"是中国最大的啤酒节，每年夏天7、8月份在著名的星海广场举办。在这里，除了可以品尝到世界各地的啤酒，还能体验各国不同的啤酒文化。

★ 大连国际啤酒节：

    A 时间最长   **B** 夏天举行   **C** 亚洲最大   **D** 需要门票

80-81.

    小孩子跟父母去餐厅吃饭，一般吃得都很少。其中很大的原因是餐厅里的饭菜和环境不适合孩子。于是一种以儿童为服务对象的餐厅慢慢出现了。这种儿童餐厅从座椅、洗手间、地板，到每一道饭菜都是专门为孩子们准备的。在餐厅内，还会分游戏区、动区、静区等多种空间，方便孩子玩耍、吃饭。

★ 孩子跟父母去餐厅吃饭，为什么总是吃得很少？

    A 肚子不饿   **B** 不喜欢父母   **C** 味道太咸了   **D** 饭菜不合适

★ 下列哪项不是这种儿童餐厅的特点？

    A 为孩子服务   **B** 座椅很特别   **C** 提供游戏区   **D** 禁止大人进入

82-83.

    很多人都有过这种想法，如果突然从天上掉下来一大笔钱，要做的第一件事情就是：环球旅行，去世界各地看看。在我看来，环球旅行的重点不在"环球"，而在"旅行"。也就是说，不管你要去多少地方，都要记住旅行的意义，否则，你不是在旅行，而是在数数。

★ 关于"环球旅行"，说话人认为重要的是：

    A 快乐   **B** 旅行   **C** 积累经验   **D** 去新的地方

★ 这段话主要谈的是：

    A 改变自己   **B** 要学好数学   **C** 旅行的意义   **D** 要从实际出发

84–85.

我从毕业到现在一直在这家公司工作，从来没换过。我之所以不想换工作，主要有两个原因。首先，如果换工作的话，要花很长时间去适应新的环境、新的工作内容，这样很浪费时间；其次，就算新的工作工资很高，我也很快适应了，但是肯定也会存在我不喜欢的一面。我认为把一份工作坚持做到最好，才是最正确的做法。

★ 说话人认为经常换工作有什么缺点？

A 受家人反对　　　　　　**B** 需重新适应
C 降低积极性　　　　　　**D** 影响人际关系

★ 关于工作，下列哪项是说话人的看法？

A 不应加班　　　　　　　**B** 是否轻松
C 坚持做好　　　　　　　**D** 收入很关键

三、书 写

第一部分

第86-95题：完成句子。

例如：那座桥　　　　800年的　　　　历史　　　有　　　了

　　　　那座桥有800年的历史了。

86. 花　　　　都掉了　　　　树上的　　　　已经

87. 这个研究　　　他们　　　结果　　　对　　　表示怀疑

88. 这碗　　　特别　　　鱼汤　　　咸

89. 是由　　　爸爸的　　　抽烟　　　引起的　　　咳嗽

90. 你的　　　让我　　　态度　　　很伤心

91. 的　　　你再也不　　　任何解释了　　　吗　　　相信他

92. 这些数字的　　　老师把　　　顺序　　　打乱了

93. 留下了　　　很深的　　　小明　　　印象　　　给大家

94. 开始　　　唱京剧　　　她从5岁　　　学习

95. 经历了　　　我们　　　很多　　　共同　　　难忘的事

第二部分

第96-100题：看图，用词造句。

例如：　　　　　　　　　　乒乓球　　她很喜欢打乒乓球。

96.　　　　　　　　现金

97.　　　　　　　　无聊

98.　　　　　　　　来得及

99.　　　　　　　　商量

100.　　　　　　　　棵

03회

모의고사

녹음 듣기

준비 다 되셨나요?

1. 듣기 파일은 트랙 'TEST 03'입니다.

    (듣기 파일은 **맛있는북스 홈페이지**(www.booksJRC.com)에서 무료로 다운로드 할 수 있습니다.)

    미리 준비하지 않으셨다면 **QR코드**를 스캔해서 듣기 파일을 준비해 주세요.

2. **답안카드**는 본책 259쪽에 수록되어 있습니다. 한 장을 자른 후에 답을 기입하세요.

3. 2B연필, 지우개, 시계도 준비하셨나요? 2B연필은 두 개를 준비하면 더 좋습니다. 하나는 마킹용,

    다른 하나는 쓰기 영역을 풀 때 사용하세요.

知识就是力量!

아는 것이 힘이다!

汉语水平考试
HSK(四级)

注　意

一、HSK (四级) 分三部分：

    1.　听力 (45题，约30分钟)

    2.　阅读 (40题，40分钟)

    3.　书写 (15题，25分钟)

二、听力结束后，有5分钟填写答题卡。

三、全部考试约105分钟 (含考生填写个人信息时间5分钟)。

一、听 力

第一部分

第1-10题：判断对错。

例如：我想去办个信用卡，今天下午你有时间吗? 陪我去一趟银行?

　　★ 他打算下午去银行。　　　　　　　　　　　　　　　(√)

　　现在我很少看电视，其中一个原因是，广告太多了，不管什么时间，也不管什么节目，只要你打开电视，总能看到那么多的广告，浪费我的时间。

　　★ 他喜欢看电视广告。　　　　　　　　　　　　　　　(×)

1. ★ 新邻居比较受欢迎。　　　　　　　　　　　(　　　　　)

2. ★ 教育水平与经济发展有关。　　　　　　　　(　　　　　)

3. ★ 房子已经租出去了。　　　　　　　　　　　(　　　　　)

4. ★ 两位运动员水平相差很多。　　　　　　　　(　　　　　)

5. ★ 小王想吃北京小吃。　　　　　　　　　　　(　　　　　)

6. ★ 照片让他回忆起了很多事。　　　　　　　　(　　　　　)

7. ★ 网上的信息很准确。　　　　　　　　　　　(　　　　　)

8. ★ 他还不习惯这里的生活。　　　　　　　　　(　　　　　)

9. ★ 地图上绿色表示森林。　　　　　　　　　　(　　　　　)

10. ★ 幸福与金钱关系不大。　　　　　　　　　　(　　　　　)

第二部分

第 11-25 题：请选出正确答案。

例如：女：该加油了，去机场的路上有加油站吗?

男：有，你放心吧。

问：男的主要是什么意思?

    A 去机场   **B** 快到了   **C** 油是满的   **D** 有加油站 √

11. **A** 有错误   **B** 符合要求   **C** 不太专业   **D** 马马虎虎

12. **A** 饺子不好吃   **B** 肚子不舒服   **C** 刚吃完早餐   **D** 早上吃得太饱

13. **A** 交通   **B** 城市   **C** 新技术   **D** 信用卡

14. **A** 5元   **B** 15元   **C** 20元   **D** 25元

15. **A** 扔了   **B** 破了   **C** 脏了   **D** 丢了

16. **A** 地址写错了   **B** 填错信息了   **C** 暂时打印不了   **D** 被小张拿走了

17. **A** 没看成电影   **B** 电影没意思   **C** 去看演出了   **D** 提前下班了

18. **A** 来晚了   **B** 非常生气   **C** 上错车了   **D** 坐错位子了

19. **A** 宾馆   **B** 超市   **C** 银行   **D** 公司

20. **A** 有点咸   **B** 值得吃   **C** 非常香   **D** 太辣了

21. **A** 空气湿润　　　　**B** 放阳台上　　　　**C** 没有阳光　　　　**D** 降雨减少

22. **A** 张大夫　　　　　**B** 张老师　　　　　**C** 一个小伙子　　　**D** 楼上的邻居

23. **A** 最近很忙　　　　**B** 换号码了　　　　**C** 手机没电了　　　**D** 找到工作了

24. **A** 等朋友　　　　　**B** 去办公室　　　　**C** 找教授签字　　　**D** 跟人打招呼

25. **A** 交通方便　　　　**B** 环境很好　　　　**C** 风景很美　　　　**D** 空气不新鲜

第三部分

第26-45题：请选出正确答案。

例如：男：把这个材料复印5份，一会儿拿到会议室发给大家。

女：好的。会议是下午三点吗?

男：改了。三点半。推迟了半个小时。

女：好。602会议室没变吧?

男：对，没变。

问：会议几点开始?

A 两点   B 3点   C 3:30 √   D 6点

26. A 演出地点   B 要去多久   C 几号出发   D 跟谁一起去

27. A 不后悔   B 很吃惊   C 非常兴奋   D 不太高兴

28. A 旅游   B 存钱   C 理发   D 付款

29. A 有基础   B 学了五年   C 动作简单   D 喜欢运动

30. A 做咖啡   B 做蛋糕   C 语言学   D 国际关系

31. A 果汁   B 水果   C 巧克力   D 冰淇淋

32. A 电脑坏了   B 应聘记者   C 爱看报纸   D 有责任心

33. A 电梯里   B 大使馆   C 咖啡馆   D 家门口

34. A 客人非常多   B 饮料不收钱   C 烤鸭味道一般   D 女的是餐厅老板

35. **A** 结婚了　　　　　**B** 要出国　　　　　**C** 是博士　　　　　**D** 放弃留学

36. **A** 浪费时间　　　　**B** 有些麻烦　　　　**C** 越来越普遍　　　**D** 看的人很少

37. **A** 增加自信　　　　**B** 减轻压力　　　　**C** 丰富经历　　　　**D** 节约用纸

38. **A** 大学对面　　　　**B** 公司楼下　　　　**C** 商店门口　　　　**D** 十字路口

39. **A** 做生意　　　　　**B** 想看表演　　　　**C** 要去出差　　　　**D** 毕业不久

40. **A** 开会　　　　　　**B** 调查　　　　　　**C** 报名　　　　　　**D** 加班

41. **A** 填表送礼物　　　**B** 参加人数多　　　**C** 进行得很顺利　　**D** 普通话不易学

42. **A** 又饿了　　　　　**B** 非常困　　　　　**C** 发烧了　　　　　**D** 肚子很难受

43. **A** 关心别人　　　　**B** 做好准备　　　　**C** 适合自己　　　　**D** 鼓励孩子

44. **A** 身材好　　　　　**B** 力气大　　　　　**C** 积极的态度　　　**D** 身体不生病

45. **A** 真正的健康　　　**B** 锻炼的好处　　　**C** 要支持朋友　　　**D** 成功需要条件

二、阅 读

第一部分

第 46–50 题：选词填空。

    A 份   **B** 精彩   **C** 稍微   **D** 坚持   **E** 重点   **F** 引起

例如：她每天都（   **D**   ）走路上下班，所以身体一直很不错。

46. 最近这几年，贵州省经济增长非常快，（   ）了许多人的关注。

47. 讲话应先讲（   ），这样才能让别人更好地了解你想表达的意思。

48. 他们兄弟俩长得非常像，区别只是哥哥的皮肤（   ）黑一点儿。

49. 先生，请您先去对面填一（   ）申请表再过来。

50. 今天的演出很（   ），大家都辛苦了，早点儿回去休息吧。

第 51-55 题：选词填空。

A 估计　　　　B 尊重　　　　C 温度　　　　D 重新　　　　E 专业　　　　F 肯定

例如：A：今天真冷啊，好像白天最高（　　C　　）才2℃。
　　　B：刚才电视里说明天更冷。

51. A：不好意思，会议推迟了，我（　　　　　　）两点多才能跟你见面。
　　 B：没关系，我在公司对面的咖啡厅等你。

52. A：你大学学的是什么（　　　　　　）?
　　 B：我学的是新闻，不过我对国际关系很感兴趣，看了很多这方面的书。

53. A：我考虑了很久，由于身体还没完全恢复，所以我决定放弃这次参赛的机会。
　　 B：我们（　　　　　　）你的选择，希望你能早日康复回到赛场上。

54. A：哪儿来的钢琴声？真好听！
　　 B：（　　　　　　）是楼上的女儿放假回家了。她经常在家里弹钢琴。

55. A：您好，我的身份证丢了，想（　　　　　　）办一个。
　　 B：好的，你先去里面拍一张照。

第二部分

第56-65题：排列顺序。

例如：**A** 可是今天起晚了

  B 平时我骑自行车上下班

  C 所以就打车来公司   **B A C**

56. **A** 因此，无论是教师还是家长

  B 都应该帮助孩子养成读书的习惯

  C 阅读对孩子们学习知识、了解社会起到很重要的作用 _____

57. **A** 到那时人们会举行各种各样的迎新年活动

  B 对中国人来说

  C 春节可以说是一年中最重要的节日 _____

58. **A** 这篇短文谈了好几个方面的问题

  B 因此学生们理解起来很困难

  C 信息量较大，语法点也多 _____

59. **A** 欢迎大家来到北海公园

  B 请勿在园区内抽烟，谢谢

  C 为了保证您和他人的安全 _____

60. **A** 盐在生活中有很多用处

　　B 用盐水就能很容易擦干净

　　C 例如，桌椅上很难擦掉的脏东西

61. **A** 回来才发现，原来是短信提醒声

　　B 以为有人来了，于是跑去开门，可外面一个人也没有

　　C 我今天早上刚睡醒，就听到有人敲门

62. **A** 他平时参加很多爬山活动

　　B 还经常鼓励我和儿子也参加

　　C 我丈夫最大的爱好就是爬山

63. **A** 但是她受到了很好的中文教育

　　B 汉语说得非常流利

　　C 虽然小刘在国外出生长大

64. **A** 这样很难获得成功

　　B 人不怕有缺点，就怕不知道自己的缺点是什么

　　C 甚至知道也不改

65. **A** 说我工作认真负责，还很努力

　　B 听了以后我很开心

　　C 会议上经理在所有同事面前表扬我了

第三部分

第66-85题：请选出正确答案。

例如：她很活泼，说话很有趣，总能给我们带来快乐，我们都很喜欢和她在一起。

　　★ 她是个什么样的人？

　　A 幽默 √　　　　B 马虎　　　　C 骄傲　　　　D 害羞

66. 真奇怪，我妹妹怎么吃也吃不胖，永远都那么瘦，她体重一直不到50公斤，而我连喝水都长肉，真是羡慕死她了。

　　★ 她羡慕妹妹什么？

　　A 很年轻　　　B 有耐心　　　C 性格好　　　D 长不胖

67. 其实她挺符合我们公司要求的。可是面试的时候太紧张了，很多问题都回答得不太好，所以没通过。

　　★ 根据这段话，可以知道她：

　　A 经验很丰富　　B 成绩很优秀　　C 接到了通知　　D 面试没通过

68. 他是我最喜爱的作家。去年他和妻子一起几乎游遍了亚洲所有的国家，并用五个月时间整理，最终写出了这本精彩的游记。

　　★ 说话人认为这本游记：

　　A 很详细　　　　B 没意思　　　C 语言幽默　　　D 内容很棒

69. 每个孩子都希望得到表扬，表扬对孩子的作用要比批评大得多，效果也好得多。有时候，一次小小的表扬，可能会影响孩子的一生。

   ★ 根据这段话，教育孩子时应该：

   A 多鼓励　　B 多表扬　　C 要冷静　　D 多支持

70. 翻译工作看起来很简单，只要把一种语言翻译成另一种语言就行。其实想翻译得自然准确，必须下苦功夫。不但要学好语言，还要了解对象国文化。

   ★ 说话人觉得翻译：

   A 历史很短　　B 是门艺术　　C 并不简单　　D 需要时间

71. 黄河是中国第二大河，仅次于长江，它是中华文明的发源地，被看做是中国的"母亲河"。黄河中生活着上千种动植物，其中还有不少是受国家重点保护的。

   ★ 关于黄河，可以知道什么？

   A 动植物多　　B 河水很脏　　C 不允许游泳　　D 是亚洲第三大河

72. 感情再深也会有误会。这个时候要与人多交流，把问题和意见说出来。人与人之间应相互理解，不要相互怀疑。

   ★ 有误会的时候，要：

   A 多交流　　B 降低要求　　C 怀疑自己　　D 相互关心

73. 在自助餐厅里，如果你只坐在那儿等，那你什么都吃不到。你必须站起来自己去拿，才能吃饱。生活也一样，什么都不做也就什么都得不到。

   ★ 在生活中，我们要：

   A 打好基础　　B 重视过程　　C 学会拒绝　　D 自己多努力

74. 机场为什么多在郊区呢？那是因为机场需要的地方大，郊区人少地多，地也便宜。其次就是飞机起飞、降落的时候声音非常大，在郊区的话，人们受的影响会小一些。

★ 机场多在郊区，那是因为：

A 郊区很安静　　B 郊区发展好　　C 郊区地多便宜　　D 郊区交通便利

75. 山上的温度，会随着高度的增加而降低，越高的地方气温越低。明天我们要登的那座山大约有三千多米高，所以大家要多穿点衣服。

★ 关于那座山，可以知道：

A 在北方　　　　B 游客很多　　　C 山上很冷　　　D 风景优美

76. 没关系，你刚来几天，肯定觉得不太适应，任何人到了一个新环境都是这样的。以后你有什么事情，随时跟我联系，我愿意帮助你。

★ 说话人是什么意思？

A 会提供帮助　　B 时间来得及　　C 要多与人商量　　D 应从现在做起

77. 我开了空调，房间里有些凉。你刚打完球，出了一身汗，还是先别急着脱衣服，否则很容易感冒。

★ 为什么不能着急脱衣服？

A 要出门　　　　B 有点凉　　　　C 来客人了　　　D 说话人发烧了

78. 这部电视剧最近比较火，里面除了讲浪漫的爱情，还讲了年轻人的梦想和社会责任，很不错，有时间你一定要看一看。

★ 说话人觉得那部电视剧：

A 让人感动　　　B 关系复杂　　　C 值得一看　　　D 没有人气

79. "以人为镜"的意思是把人当做一面镜子，可以从他人的成败中获取经验，并发现自己的问题，使自己有更好的发展。

★ "以人为镜"可以：

A 少出错　　　　B 忘记烦恼　　　　C 改变周围环境　　　D 看到自身问题

80-81.

回忆是生活中不可缺少的一部分，可我们不能总是活在回忆里，尤其是那些难过的回忆。过去发生的已经不能改变，重要的是现在。所以，我们应该收起回忆，认真做好眼前的事，这样才能走好以后的路。

★ 关于回忆，下列哪个正确？

A 是美好的　　　　　　　　　B 是难过的
C 是可以改变的　　　　　　　D 是生活的一部分

★ 根据这段话，我们应该：

A 重视现在　　　　　　　　　B 养成好习惯
C 多回忆过去　　　　　　　　D 要多总结经验

82-83.

狗一般都会睡十二、十三个小时，甚至有的要睡二十个小时以上。所以有的人以为狗很懒，其实并不是这样。仔细观察狗睡觉时的样子就会发现，稍微有一点声音，它的耳朵就会动，人一旦走近它，它就会马上醒过来。狗因为要快速感觉到周围的情况，所以一般都不会睡得太深。

★ 关于狗，可以知道：

A 吃得很多　　　　　　　　　B 很少外出
C 不怎么活动　　　　　　　　D 睡很长时间

★ 上文主要谈的是：

A 狗的听力　　　　　　　　　B 睡觉与健康
C 狗其实不懒　　　　　　　　D 狗鼻子的作用

84-85.

从前有一个画家，他在家画了一个虎头，后来听见有人让他画马，他就在虎头上画了马的身子。他告诉大儿子这是虎，告诉二儿子这是马。后来大儿子把人家的马当做虎，打死了。二儿子以为虎是马要骑，被老虎吃掉了。后来人们用"马虎"形容做事粗心。

★ 大儿子为什么要打死人家的马？

　　A 不信任画家　　　　　　B 以为是老虎
　　C 很害怕骑马　　　　　　D 被马踢伤了

★ 那个画家：

　　A 十分后悔　　　　　　　B 画很受欢迎
　　C 是位教育家　　　　　　D 画了虎头马身

三、书 写

第一部分

第86-95题：完成句子。

例如：那座桥　　　　800年的　　　　历史　　　　有　　　　了

那座桥有800年的历史了。

86. 哭了　　　得　　　我听到这个消息　　　激动

87. 挂着　　　全家福　　　一张　　　墙上

88. 低下了　　　头　　　地　　　妹妹　　　害羞

89. 一本　　　经济的　　　杂志　　　这是　　　关于

90. 这恐怕　　　个　　　误会　　　我想　　　是

91. 计划　　　我不得不　　　原来的　　　改变

92. 5分钟　　　需要　　　我至少　　　跑1000米

93. 我　　　没有　　　面试　　　对下周的　　　信心

94. 重要　　　方向　　　更　　　比速度

95. 一遍　　　我　　　把　　　重新读了　　　那部小说

第二部分

第96-100题：看图，用词造句。

例如： 乒乓球　她很喜欢打乒乓球。

96.　　　　响

97.　　　　大概

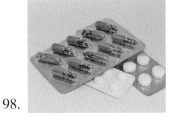

98.　　　　苦

99.　　　　力气

100.　　　　台

04회

모의고사

녹음 듣기

준비 다 되셨나요?

1. 듣기 파일은 트랙 'TEST 04'입니다.
   (듣기 파일은 **맛있는북스 홈페이지**(www.booksJRC.com)에서 무료로 다운로드 할 수 있습니다.)
   미리 준비하지 않으셨다면 **QR코드**를 스캔해서 듣기 파일을 준비해 주세요.

2. **답안카드**는 본책 259쪽에 수록되어 있습니다. 한 장을 자른 후에 답을 기입하세요.

3. 2B연필, 지우개, 시계도 준비하셨나요? 2B연필은 두 개를 준비하면 더 좋습니다. 하나는 마킹용,
   다른 하나는 쓰기 영역을 풀 때 사용하세요.

细节决定成败!

디테일이 성패를 결정한다!

汉语水平考试
HSK(四级)

注　意

一、HSK (四级) 分三部分：

    1.　听力 (45题，约30分钟)

    2.　阅读 (40题，40分钟)

    3.　书写 (15题，25分钟)

二、听力结束后，有5分钟填写答题卡。

三、全部考试约105分钟 (含考生填写个人信息时间5分钟)。

一、听 力

第一部分

第1–10题：判断对错。

例如：我想去办个信用卡，今天下午你有时间吗? 陪我去一趟银行?

　　★ 他打算下午去银行。　　　　　　　　　　　　(√)

　　现在我很少看电视，其中一个原因是，广告太多了，不管什么时间，也不管什么节目，只要你打开电视，总能看到那么多的广告，浪费我的时间。

　　★ 他喜欢看电视广告。　　　　　　　　　　　　(×)

1. ★ 他明天参加招聘会。　　　　　　　　　　(　　　　)

2. ★ 他对那件外套很满意。　　　　　　　　　(　　　　)

3. ★ 他们俩从小就认识。　　　　　　　　　　(　　　　)

4. ★ 报纸顺序乱了。　　　　　　　　　　　　(　　　　)

5. ★ 他打算让小李负责这个活动。　　　　　　(　　　　)

6. ★ 他希望大家给他打电话。　　　　　　　　(　　　　)

7. ★ 孩子想被父母尊重。　　　　　　　　　　(　　　　)

8. ★ 他在向大家道歉。　　　　　　　　　　　(　　　　)

9. ★ 明天可能会下雪。　　　　　　　　　　　(　　　　)

10. ★ 他去年寒假去云南玩儿了。　　　　　　　(　　　　)

第二部分

第11-25题：请选出正确答案。

例如：女：该加油了，去机场的路上有加油站吗？
　　　男：有，你放心吧。
　　　问：男的主要是什么意思？

　　A 去机场　　　B 快到了　　　C 油是满的　　　D 有加油站 √

11. A 收到钱了　　B 信没寄出　　C 别打扰孩子　　D 材料改完了

12. A 生病了　　　B 长高了　　　C 变瘦了　　　　D 做手术了

13. A 拿得动　　　B 要买啤酒　　C 让男的抬　　　D 需要推车

14. A 不怕冷　　　B 开暖气了　　C 衣服很厚　　　D 房间比较小

15. A 嗓子疼　　　B 胳膊疼　　　C 腿不舒服　　　D 肚子难受

16. A 找地图　　　B 看比赛　　　C 扔垃圾　　　　D 修洗衣机

17. A 存钱　　　　B 办签证　　　C 办银行卡　　　D 开通网银

18. A 年初　　　　B 年底　　　　C 春节　　　　　D 元旦

19. A 邻居　　　　B 朋友　　　　C 亲戚　　　　　D 叔叔

20. A 打印机坏了　B 会议结束了　C 经理很生气　　D 材料找不到了

21. A 去旅游　　　 B 出国开会　　　 C 参加聚会　　　 D 帮忙找工作

22. A 面试合格了　 B 受到表扬了　　 C 见到朋友了　　 D 考上硕士了

23. A 值得考虑　　 B 符合条件　　　 C 没有重点　　　 D 没有通过

24. A 画画儿　　　 B 别迟到　　　　 C 多练习　　　　 D 上钢琴课

25. A 宾馆　　　　 B 药店　　　　　 C 理发店　　　　 D 动物园

第三部分

第26–45题：请选出正确答案。

例如：男：把这个材料复印5份，一会儿拿到会议室发给大家。

女：好的。会议是下午三点吗?

男：改了。三点半。推迟了半个小时。

女：好。602会议室没变吧?

男：对，没变。

问：会议几点开始?

A 两点   **B** 3点   **C** 3:30 √   **D** 6点

26. **A** 明天来客人   **B** 他们要买家具   **C** 超市快关门了   **D** 厨房还没收拾好

27. **A** 太苦   **B** 价格便宜   **C** 效果不好   **D** 让人变困

28. **A** 机场   **B** 火车站   **C** 地铁站   **D** 大使馆

29. **A** 周末人多   **B** 离家太远   **C** 不好买票   **D** 不值得去

30. **A** 准备留学   **B** 打算出国   **C** 要办护照   **D** 决定卖房

31. **A** 适应环境   **B** 积累经验   **C** 改变心情   **D** 获得奖金

32. **A** 不符合要求   **B** 回答得不好   **C** 应聘者太多   **D** 面试时太紧张

33. **A** 破了   **B** 变小了   **C** 弄脏了   **D** 弄丢了

34. **A** 爬上去拿   **B** 去买新的   **C** 停止比赛   **D** 暂时休息

35. **A** 人的性格　　　**B** 生活态度　　　**C** 语言的艺术　　　**D** 年轻的好处

36. **A** 饺子　　　**B** 包子　　　**C** 面条　　　**D** 蛋糕

37. **A** 很普通　　　**B** 价格贵　　　**C** 顾客少　　　**D** 在郊区

38. **A** 理想　　　**B** 森林　　　**C** 希望　　　**D** 阳光

39. **A** 无污染　　　**B** 数量少　　　**C** 问题严重　　　**D** 没有标准

40. **A** 很诚实　　　**B** 没有礼貌　　　**C** 不讲信用　　　**D** 爱开玩笑

41. **A** 杂志　　　**B** 眼镜　　　**C** 行李箱　　　**D** 坏印象

42. **A** 火车站　　　**B** 飞机上　　　**C** 出租车上　　　**D** 电影院里

43. **A** 喝茶　　　**B** 看报　　　**C** 抽烟　　　**D** 睡觉

44. **A** 草　　　**B** 药　　　**C** 食品　　　**D** 饮料

45. **A** 很高级　　　**B** 不怕阳光　　　**C** 历史悠久　　　**D** 绿茶最流行

二、阅 读

第一部分

第46-50题：选词填空。

A 地点　　　B 交流　　　C 轻松　　　D 坚持　　　E 推迟　　　F 准时

例如：她每天都（ **D** ）走路上下班，所以身体一直很不错。

46. 网上的各种聊天工具使人们之间的（　　　　　）变得方便又丰富。

47. 昨天的网球比赛对手的实力很强，他赢得并不（　　　　　）。

48. 由于下大雨，这次运动会的举办时间（　　　　　）到了下周。

49. 这次活动的（　　　　　）是小张选的，时间也是他定的。

50. 明天上午9点（　　　　　）出发，千万别迟到。

第51-55题：选词填空。

A 棵　　　　B 香　　　　C 温度　　　　D 继续　　　　E 超过　　　　F 到底

例如：A：今天真冷啊，好像白天最高（　　C　　）才2℃。

　　　B：刚才电视里说明天更冷。

51. A：你的报告写得很详细，我非常满意。

　　B：谢谢经理。我会（　　　　　）努力的。

52. A：你做什么好吃的呢？真（　　　　　）啊！

　　B：我做了酸菜鱼，快洗洗手过来吃吧。

53. A：你好，请问我儿子可以买儿童票吗？

　　B：你儿子多高？身高没（　　　　　）一米三就可以买。

54. A：奶奶家门前那两（　　　　　）树是什么树？

　　B：苹果树。九月份的时候，树上会挂满红红的苹果。

55. A：想好了吗？（　　　　　）去不去？

　　B：那个地方太远，我得跟父母商量一下，明天再告诉你吧。

第二部分

第56-65题：排列顺序。

例如：A 可是今天起晚了

    B 平时我骑自行车上下班

    C 所以就打车来公司　　　　　　　　　　　　　<u>B A C</u>

56. A 小高比第二名快了近一秒钟

    B 当她听到这个结果后，开心得跳了起来

    C 这次100米短跑比赛　　　　　　　　　　　<u>　　　　　</u>

57. A 所以周末和节假日我一般都会回家

    B 我家离上海很近

    C 坐高铁不到半个小时就到了　　　　　　　<u>　　　　　</u>

58. A 穿着打扮被认为是一个人的"活广告"

    B 比如他的职业、文化水平、生活习惯等

    C 因为我们可以从中获得很多信息　　　　　<u>　　　　　</u>

59. A 并且提供免费的早餐和午餐

    B 这份工作的缺点就是偶尔需要周末加班

    C 不过加班工资以平日工资的两倍标准计算　<u>　　　　　</u>

60. **A** 进去后对号入座，谢谢

　　　B 请大家排好队

　　　C 观众朋友们，演出马上就要开始了

　　　_____

61. **A** 机会来了，就应该主动去试一试

　　　B 至少我们努力过

　　　C 哪怕失败了也没关系

　　　_____

62. **A** 东边有个森林公园

　　　B 我们公司附近的环境非常好

　　　C 我和同事们午饭后经常去那里散步

　　　_____

63. **A** 成语"事半功倍"的意思是说

　　　B 就能花较少的时间取得更好的效果

　　　C 只要找到了做事情的正确方法

　　　_____

64. **A** 熊猫每天一半儿的时间都在睡觉

　　　B 你们是不是觉得它的生活很舒适呢

　　　C 而醒来后的大部分时间都在吃东西

　　　_____

65. **A** 一方面是由于她生活很健康

　　　B 李阿姨看上去比实际年龄小很多

　　　C 另一方面是她的脾气很好，从来不生气

　　　_____

第三部分

第66-85题：请选出正确答案。

例如：她很活泼，说话很有趣，总能给我们带来快乐，我们都很喜欢和她在一起。

★ 她是个什么样的人？

A 幽默 √　　　　B 马虎　　　　C 骄傲　　　　D 害羞

66. 王先生，这儿离你们公司也就两三站的距离，整个小区非常安静，而且楼下就是超市和银行，最重要的是房租也便宜，您要不要再考虑一下？

★ 王先生：

A 在找工作　　B 想要租房　　C 不懂礼貌　　D 在银行工作

67. 一所大学的开学典礼上，校长对学生说："从今天开始，如果你每天用100字把自己的生活记下来，毕业时你将会得到一本10多万字的书，主要内容就是你4年大学生活的美好回忆。"

★ 校长希望学生：

A 多读书　　B 不要迟到　　C 要有怀疑精神　　D 写下自己的生活

68. 语言是人们交流的工具，而音乐其实也是一种语言，人们可以用音乐来表达自己的感情，而且和其他语言相比，音乐表达的感情有时更容易让人理解。

★ 根据这段话，音乐表达的感情：

A 让人感动　　B 更易被理解　　C 受听众欢迎　　D 离不开语言

69. 上午来应聘的那个姑娘是学数学的，成绩很优秀。通过面试时和她的对话，感觉她的性格也不错，我觉得她挺适合这份工作的。

   ★ 关于那个姑娘，可以知道：

   A 爱笑　　　**B** 很成熟　　　**C** 学科学　　　**D** 成绩好

70. 中国人常用"万里无云"表示天气非常好，是晴天。在这里"万里"指的并不是真的一万里，而是指人们能看到的地方。

   ★ "万里无云"形容：

   A 阴雨天　　**B** 好天气　　　**C** 地方很大　　**D** 大雾天气

71. 我叫张伟，今天中午在学校食堂丢了一张饭卡，卡上有我的姓名和学号。如果有同学看见了我的饭卡，请速与我联系，非常感谢。

   ★ 他写这段话的目的是：

   A 找回饭卡　**B** 表达感谢　　**C** 想交朋友　　**D** 帮助别人

72. 咱们宿舍一个暑假没人住，房间里的味道实在让人受不了，我去把窗户打开，换换空气。

   ★ 说话人接下来要做什么？

   A 换衣服　　　**B** 开窗户　　　**C** 整理行李　　**D** 打扫卫生间

73. 最近医院里有这样一个现象：男护士越来越多了。跟女护士比起来，男护士也有很多优点，比如更有劲儿、方便照顾男患者等。

   ★ 男护士的优点是：

   A 力气大　　　**B** 个子高　　　**C** 更勇敢　　　**D** 很勤奋

74. 对一件事情的看法，每个人可能各不相同。如果想让别人同意或者支持你的看法，最好努力证明你是对的，而不是一直批评别人是错的。

★ 要想获得别人的支持，应该：

A 批评别人　　　**B** 努力变优秀　　　**C** 证明自己正确　　　**D** 引起别人注意

75. 妹妹很小就跟着一位著名的京剧演员学唱京剧。她不仅聪明，而且很努力，常常受到邀请去各地演出，现在认识她的人越来越多了。

★ 关于妹妹，可以知道：

A 会唱京剧　　　**B** 没有基础　　　**C** 很有礼貌　　　**D** 工作辛苦

76. 有位作家说，心和身体必须有一个要在路上。旅行时，我们的身体在路上；而读书时，我们的心会在路上。阅读一本好书或者进行一次旅行，会使我们的知识更加丰富，使我们的生活更加精彩。

★ 为什么说"心和身体必须有一个要在路上"？

A 改变想法　　　**B** 放松身体　　　**C** 丰富生活　　　**D** 减少麻烦

77. 很多网站上都说，刷牙时在牙膏上加点儿盐，坚持一段时间，就能使牙变白。我打算试试，看看这个方法究竟有没有效。

★ "这个方法"指的是：

A 坚持刷牙　　　**B** 多喝热水　　　**C** 上网查信息　　　**D** 牙膏上加盐

78. 这种植物喜欢阳光，你最好把它放到窗边，多见见太阳，这样它才能长得快，叶子的颜色也会越来越绿。

★ 这种植物：

A 颜色深　　　**B** 不能久放　　　**C** 很受欢迎　　　**D** 适合放窗边

79. 上大学时，我经常和同学们一起打排球、踢足球，运动量比较多，那时候怎么吃也长不胖。现在工作，由于缺少锻炼，虽然饭量比以前少了，但是却慢慢胖了起来。

★ 上大学时，长不胖的原因是：

A 不敢吃辣　　　B 没有烦恼　　　C 吃得很少　　　D 经常锻炼

80-81.

有一个事业上做得很成功的朋友，大家问他如此成功是因为什么。他回答说："我觉得可能是因为我比较喜欢总结吧。不管是成功还是失败，我都会总结。成功的话，总结经验，以后适用。失败了，就更要总结了。要清楚问题出在哪里，以后我就不会再那样做了。"

★ 那个朋友认为自己成功是因为：

A 经验丰富　　　B 经常总结　　　C 重视合作　　　D 有责任心

★ 失败以后，要：

A 有信心　　　B 多听意见　　　C 继续努力　　　D 找出问题

82-83.

随着房价越来越高，很多年轻人考虑购买房车。房车不仅可以开着出行，而且还有房子的功能。在房车里可以放入床、桌椅、沙发等家具设施，还能在里边睡觉、吃饭、上厕所。从而实现了"在生活中出行，在出行中生活"。

★ 为什么越来越多的人买房车？

A 房价太高　　　B 房车很舒适　　　C 可随时停车　　　D 想有更多经历

★ 下面哪个不是房车的特点？

A 能放家具　　　B 方便搬家　　　C 开车出行　　　D 可以睡觉

84-85.

　　要想了解一个民族的历史与文化，首先要了解这个民族的语言。因为艺术、科学、经济等都离不开语言。汉语是世界上历史最长的语言之一，虽然现在的汉字在书写上与几千年前相比有了很大的变化，但我们仍然可以通过它们，来了解以前中国人的生活情况。

★ 根据上文，汉字：

　　A 数量很多　　　**B** 很难书写　　　**C** 书写变了　　　**D** 发音变化大

★ 上文主要谈的是：

　　A 文化的作用　　**B** 语言的历史　　**C** 汉语的特点　　**D** 学习的关键

三、书 写

第一部分

第86-95题：完成句子。

例如：那座桥　　　800年的　　　历史　　　有　　　了

　　　那座桥有800年的历史了。

86. 及时　　　真　　　这场雨　　　下得

87. 不打算　　　还　　　结婚　　　那位演员暂时

88. 存款　　　所有的　　　她花光了　　　自己

89. 这个　　　稍微　　　问题　　　复杂　　　有点儿

90. 能力　　　这能　　　他　　　证明　　　很有

91. 复印　　　帮我　　　申请表　　　两份　　　请

92. 小城市　　　美丽的　　　她出生在　　　一个

93. 那个小伙子　　　推走　　　自行车　　　被　　　了

94. 鸡蛋　　　剩了　　　两个　　　冰箱里

95. 没有　　　引起　　　那条新闻　　　大家的重视　　　并

第二部分

第96-100题：看图，用词造句。

例如：　　　　　　　乒乓球　　她很喜欢打乒乓球。_____

96.　　　　　　擦

97.　　　　　　动作

98.　　　　　　难受

99.　　　　　　页

100.　　　　　减肥

05회

모의고사

녹음 듣기

준비 다 되셨나요?

1. 듣기 파일은 트랙 '**TEST 05**'입니다.

(듣기 파일은 **맛있는북스 홈페이지**(www.booksJRC.com)에서 무료로 다운로드 할 수 있습니다.)

미리 준비하지 않으셨다면 **QR코드**를 스캔해서 듣기 파일을 준비해 주세요.

2. 답안카드는 본책 259쪽에 수록되어 있습니다. 한 장을 자른 후에 답을 기입하세요.

3. 2B연필, 지우개, 시계도 준비하셨나요? 2B연필은 두 개를 준비하면 더 좋습니다. 하나는 마킹용,

다른 하나는 쓰기 영역을 풀 때 사용하세요.

一步一个脚印!

한 걸음씩 착실하게 나간다!

汉语水平考试
HSK(四级)

注　意

一、HSK (四级) 分三部分：

　　1.　听力 (45题，约30分钟)

　　2.　阅读 (40题，40分钟)

　　3.　书写 (15题，25分钟)

二、听力结束后，有5分钟填写答题卡。

三、全部考试约105分钟 (含考生填写个人信息时间5分钟)。

一、听 力

第一部分

第 1–10 题：判断对错。

例如：我想去办个信用卡，今天下午你有时间吗? 陪我去一趟银行?

　　★ 他打算下午去银行。　　　　　　　　　　　　　　　(√)

　　现在我很少看电视，其中一个原因是，广告太多了，不管什么时间，也不管什么节目，只要你打开电视，总能看到那么多的广告，浪费我的时间。

　　★ 他喜欢看电视广告。　　　　　　　　　　　　　　　(×)

1. ★ 李先生病得很严重。　　　　　　　　　　(　　　　)

2. ★ 大家认识不久。　　　　　　　　　　　　(　　　　)

3. ★ 房间已经打扫干净了。　　　　　　　　　(　　　　)

4. ★ 吃甜的东西对身体不好。　　　　　　　　(　　　　)

5. ★ 经常写日记让人更聪明。　　　　　　　　(　　　　)

6. ★ 今天的节目还没开始。　　　　　　　　　(　　　　)

7. ★ 他会按计划准时到台湾。　　　　　　　　(　　　　)

8. ★ 睡懒觉会让时间变得紧张。　　　　　　　(　　　　)

9. ★ 人们可以通过音乐增进了解。　　　　　　(　　　　)

10. ★ 程先生二十岁时就很有名。　　　　　　　(　　　　)

第二部分

第 11-25 题：请选出正确答案。

例如：女：该加油了，去机场的路上有加油站吗？

男：有，你放心吧。

问：男的主要是什么意思？

A 去机场　　　B 快到了　　　C 油是满的　　　D 有加油站 √

11. A 很棒　　　　B 很粗心　　　C 很奇怪　　　　D 不友好

12. A 方向错了　　B 前边堵车　　C 不能按时到　　D 无法再快了

13. A 阿姨　　　　B 母亲　　　　C 同事　　　　　D 女朋友

14. A 优秀职员　　B 优秀教师　　C 认真的学生　　D 诚实的职员

15. A 办公室没人　B 手机静音了　C 马上要下班了　D 手机就在附近

16. A 盐　　　　　B 糖　　　　　C 醋　　　　　　D 茶

17. A 照顾父亲　　B 突然生病　　C 害怕失败　　　D 快要结婚了

18. A 15%　　　　B 25%　　　　C 35%　　　　　D 50%

19. A 很伤心　　　B 很无聊　　　C 很失望　　　　D 很愉快

20. A 邮局　　　　B 银行　　　　C 家具城　　　　D 洗手间

21. A 钟不准　　　B 马上出发　　　C 没到时间　　　D 今天不上班

22. A 需要密码　　　B 样子很特别　　C 里面有钥匙　　D 是生日礼物

23. A 前边有车　　　B 钱包掉了　　　C 小心台阶　　　D 袋子破了

24. A 空调坏了　　　B 窗户关不上　　C 男的不怕热　　D 修理工马上到

25. A 很幽默　　　　B 不太活泼　　　C 学习很好　　　D 十分骄傲

第三部分

第26-45题：请选出正确答案。

例如：男：把这个材料复印5份，一会儿拿到会议室发给大家。

女：好的。会议是下午三点吗？

男：改了。三点半。推迟了半个小时。

女：好。602会议室没变吧？

男：对，没变。

问：会议几点开始？

A 两点   B 3点   C 3:30 √   D 6点

26. A 去医院看病   B 去银行取钱   C 办签证手续   D 办收入证明

27. A 菜不怎么样   B 服务态度好   C 有很多座位   D 价格很便宜

28. A 厕所   B 机场   C 邮局   D 加油站

29. A 换航班了   B 护照不见了   C 身份证丢了   D 登机牌找不到了

30. A 大学同学   B 钢琴老师   C 以前的邻居   D 女儿的同事

31. A 刮风   B 凉快   C 暖和   D 多云

32. A 经理意见   B 会议内容   C 年终总结   D 工作材料

33. A 故事精彩   B 马马虎虎   C 让人感动   D 语言活泼

34. A 打网球   B 去图书馆   C 打乒乓球   D 参加运动会

35. **A** 禁止吸烟　　　**B** 不允许停车　　　**C** 周末有活动　　　**D** 可以骑自行车

36. **A** 比较成功　　　**B** 非常热闹　　　**C** 没有吸引力　　　**D** 参加人数少

37. **A** 讲故事　　　**B** 介绍历史　　　**C** 做小游戏　　　**D** 表演节目

38. **A** 银行短信　　　**B** 医院广告　　　**C** 公司通知　　　**D** 租房网站

39. **A** 有电梯　　　**B** 租金高　　　**C** 离公司近　　　**D** 不准养狗

40. **A** 要有耐心　　　**B** 要有理想　　　**C** 留在父母身边　　　**D** 主动帮助别人

41. **A** 支持　　　**B** 反对　　　**C** 怀疑　　　**D** 感谢

42. **A** 运动不够　　　**B** 睡得很晚　　　**C** 作业量大　　　**D** 不爱吃早饭

43. **A** 早睡觉　　　**B** 多读书　　　**C** 多吃水果　　　**D** 不要喝酒

44. **A** 忘记烦恼　　　**B** 结果更重要　　　**C** 不要怕失败　　　**D** 凡事不能重来

45. **A** 失望　　　**B** 将来　　　**C** 回忆　　　**D** 后悔

二、阅 读

第一部分

第 46–50 题：选词填空。

     A 粗心   **B** 陪   **C** 饺子   **D** 坚持   **E** 出生   **F** 脏

例如：她每天都（   **D**   ）走路上下班，所以身体一直很不错。

46. 有时候，吃完晚饭，妈妈会（   ）着爷爷奶奶去公园散步。

47. 我最喜欢春节，全家人在一起边包（   ）边看电视，热闹极了。

48. 她真是太（   ）了，竟然连护照都忘记带了。

49. 真抱歉，把你的鞋弄（   ）了，我不是故意的。

50. 这只小猫（   ）没几天就被送到我家了，因此和我们的感情很深。

第51–55题：选词填空。

A 竞争　　　B 整齐　　　C 温度　　　D 郊区　　　E 页　　　F 客厅

例如：A：今天真冷啊，好像白天最高（　　C　　）才2℃。

　　　　B：刚才电视里说明天更冷。

51. A：现在年轻人找工作的压力挺大的。

　　　B：是啊，往往几十甚至几百个人（　　　　　　）一个工作。

52. A：我们把沙发抬到窗户那儿吧。

　　　B：行，这样（　　　　　　）看上去大一些。

53. A：听说公司明年要搬到（　　　　　　），到时候我又得重新找房子了。

　　　B：这个消息准确吗？我怎么不知道？

54. A：调查问卷做好了吗？

　　　B：已经做好了，一共5（　　　　　　），一会儿我打印出来拿给您。

55. A：没想到你的办公桌这么（　　　　　　）。

　　　B：这样工作起来心情才好嘛！

第二部分

第 56-65 题：排列顺序。

例如：**A** 可是今天起晚了

    B 平时我骑自行车上下班

    C 所以就打车来公司   <u>**B A C**</u>

56. **A** 这样不仅能学到很多新的词语

    B 我提高英语水平的方法就是坚持看英文报纸

    C 还能扩大知识面   <u>   </u>

57. **A** 五点请大家准时在门口集合

    B 我们在科技馆参观的时间是两个小时，现在是三点

    C 接下来我们要参观的地方是科技馆   <u>   </u>

58. **A** 两年的留学生活很快就要结束了

    B 我在这里经历了许多，也学到了许多

    C 相信这些都会成为我日后的美好回忆   <u>   </u>

59. **A** 昨天傍晚长沙市突然下起了大雨

    B 都只好推迟起飞

    C 飞往该市的好几趟航班   <u>   </u>

60. A 很适合老年人吃

    B 这家网店专门卖无糖饼干

    C 我们买一盒送给爷爷奶奶吧

                                                  _____

61. A 不像现在这么热闹

    B 我对这里当然熟悉了，我家原来就住这儿附近

    C 不过这里以前比较安静

                                                  _____

62. A 由于他生病住院了

    B 后来就交给我来做了

    C 这次招聘会本来是由王主任负责的

                                                  _____

63. A 既然知道为什么出了问题

    B 并保证以后不会发生同样的情况

    C 那么我们就应该努力想办法解决

                                                  _____

64. A 这样到时候你才不会手忙脚乱

    B 最好都得提前做好计划

    C 不管做什么事情

                                                  _____

65. A 中国有句话叫"羊毛出在羊身上"

    B 但实际上没有

    C 意思是说看起来从别人那里得到了好处

                                                  _____

第三部分

第66-85题：请选出正确答案。

例如：她很活泼，说话很有趣，总能给我们带来快乐，我们都很喜欢和她在一起。

★ 她是个什么样的人？

A 幽默 √　　　B 马虎　　　C 骄傲　　　D 害羞

66. 校长介绍说，学校举办这次文化节活动，一方面是想让各国学生更好地了解中国，另一方面是想为学生们提供互相交流和学习的机会。

★ 学校举办这次活动，是想帮助学生们：

A 完成学习任务　　　　　B 相互增加了解
C 提高口语水平　　　　　D 证明自己的能力

67. 今天下出租车时，由于着急赶时间，我不小心把手机忘在了出租车上。当我发现后，车已经开得很远，我只好给出租车公司打电话。

★ 说话人打电话的目的是：

A 找手机　　　B 下错车　　　C 要行李　　　D 还司机钱

68. 我平时就对自己要求非常严格，尤其是比赛前那个星期，我每天都会把全部动作练习好几遍，希望在比赛中取得最好的成绩。

★ 比赛前，说话人：

A 有些紧张　　　B 好好儿休息　　　C 更努力练习　　　D 做好详细计划

69. 选择职业时，我们首先应该对自己有清楚的认识，不但要知道自己想做什么，而且要根据自己的性格、爱好去判断什么样的工作适合自己，这样才能找到满意的工作。

　　★ 选择职业时，应该：

　　A 去参加招聘　　B 先认清自己　　C 多鼓励自己　　D 判断工作的好坏

70. 这家公司这几年发展得很快，主要是因为他们找准了公司的发展方向，同时又增加了与其他公司之间的合作，降低了市场变化可能带来的不好影响。

　　★ 那家公司发展快的原因是：

　　A 敢于改变　　B 社会支持　　C 找准了方向　　D 大家热情高

71. 生活中理想是不可缺少的。有理想的人知道自己前进的方法，他们做出的努力都使自己离目的地更近一步，哪怕暂时遇到困难，他们也不会随便放弃。

　　★ 这段话主要想告诉我们，要：

　　A 有理想　　B 努力工作　　C 积累经验　　D 尊重别人

72. 对不起，先生，您的行李箱超重了。按照规定，您只能免费托运23公斤的行李，您需要交超重费，或者拿出来一些行李。

　　★ 根据这段话，行李超过23公斤的话：

　　A 要检查　　B 要收费　　C 不能上飞机　　D 要看说明书

73. 小时候，每次帮家里做家务，妈妈都会给我一块巧克力，这时我就会很高兴。后来，我慢慢养成了一个习惯：一遇到什么不开心的事情，我就会吃一块巧克力。这会让我的心情很快好起来。

　　★ 吃巧克力会让我：

　　A 变胖　　B 想到以前　　C 心情变好　　D 很有力气

74. 很多人认为没喝完的葡萄酒可以放在冰箱里，不过这是不科学的。首先，葡萄酒的存放温度差不应太大，其次，葡萄酒的最佳存放温度是10℃~15℃。但一般冰箱的温度都低得多。

★ 根据这段话，我们可以知道葡萄酒：

A 帮助消化　　　　　　　　　B 营养丰富

C 对睡眠有好处　　　　　　　D 不应放在冰箱里

75. 有些事情不是看到了希望才去坚持，而是因为坚持了才看到希望。有了前面的一点一滴的坚持，才有后面的收获，所以千万别放弃。

★ 这段话主要告诉我们：

A 要学会拒绝　　B 收获来自积累　　C 坚持才有希望　　D 不要错过机会

76. 我是一名记者，因为职业的关系，我几乎走遍了亚洲所有的国家。我觉得亚洲人有一个共同点：大家都在为自己的生活努力地奋斗着。

★ 说话人觉得亚洲人：

A 人口众多　　B 认真生活　　C 说话太直接　　D 非常有礼貌

77. 很多人以为早上锻炼对身体很好，但室外锻炼并不是越早越好，尤其是冬天，日出前温度较低，不太适合运动。医生建议：冬季锻炼最好选在日出后，而且运动量不要太大，可以跑跑步、打打羽毛球等。

★ 冬季锻炼最好：

A 多穿衣服　　B 日出后进行　　C 增加运动量　　D 别在室外锻炼

78. 你还在节食减肥呢？小马给我介绍的那个减肥方法效果特别好。我才坚持了不到两个星期，就感觉自己瘦了不少，你也可以试试。

★ 关于说话人，可以知道什么？

A 吃得少　　　　B 打算结婚　　　　C 正在减肥　　　　D 会弹钢琴

79. 在中国，尤其是很多南方地区，过年时都要吃上几块儿年糕。这是因为"年糕"跟"年高"同音。人们希望在新的一年里生活水平更高，越来越幸福。

★ 过年的时候，人们吃年糕是为了：

A 长得更高　　　B 生活更好　　　C 变得有钱　　　D 增进友谊

80-81.

科学家研究发现植物能"听懂"人的话。如果你经常对植物说"你真是棵可爱的树"、"你开的花真漂亮"，那么这个植物会长得更高更好。如果你常常对它说"我讨厌你"，那么它会长得很慢，甚至会死去。

★ 经常对植物说好听的话，植物会：

A 开花结果　　　B 长得更好　　　C 容易掉叶　　　D 不被污染

★ 根据这段话，植物：

A 也有脾气　　　B 听得懂人话　　　C 对气候要求高　　D 有自己的语言

82-83.

在寒冷的冬季，你是否遇到过这样的情况：即使还有20%的电，手机也可能自动关机。很多人以为这是手机没电了造成的，其实，这是手机的低温保护起了作用，当你把手机拿到温度较高的室内重新开机后，你会发现手机仍然可以正常使用，而且还会有20%的电。

★ 当温度过低时，手机会：

A 开机很慢　　　B 很快没电　　　C 暂时关机　　　D 声音变小

★ 关于手机，下列哪个正确？

A 充不满电　　　B 质量不高　　　C 需定时修理　　　D 有低温保护

84-85.

　　小刘他们家住23楼。他和妻子旅游回来，发现电梯坏了。小刘提出走楼梯。每上一楼，都要讲一个笑话，就这样他们说说笑笑，走到了20楼。该妻子讲笑话的时候，她翻了翻包里，突然抬起头，对小刘说："这次我不是开玩笑的，我把钥匙放在车里了。"

★ 小刘提出：

　　A 等电梯　　　**B** 走楼梯　　　**C** 叫人来修　　　**D** 别开玩笑

★ 他的妻子最后那句话的意思是：

　　A 笑话没意思　　**B** 电梯修好了　　**C** 忘记门密码了　　**D** 白爬那么高了

三、书 写

第一部分

第86–95题：完成句子。

例如：那座桥　　　　800年的　　　　历史　　　　有　　　　了

　　　　那座桥有800年的历史了。

86. 要求　　　　不符合　　　　招聘　　　　您的条件

87. 活泼　　　　她的　　　　没有　　　　妹妹　　　　性格

88. 你的动作　　　　做得　　　　标准　　　　不太

89. 有些　　　　之间　　　　误会　　　　他们　　　　好像

90. 那部　　　　许多　　　　电影　　　　观众　　　　感动了

91. 有责任心的　　　　李护士　　　　十分　　　　人　　　　是一个

92. 一个勺子　　　　帮我　　　　吗　　　　去厨房拿　　　　能

93. 把　　　　沙发　　　　我们先　　　　吧　　　　抬进来

94. 去年秋天　　　　我妈妈　　　　是　　　　的　　　　退休

95. 危险　　　　加油站附近　　　　非常　　　　在　　　　抽烟

第二部分

第96-100题：看图，用词造句。

例如：　　　乒乓球　　她很喜欢打乒乓球。

96.　　　　　逛

97.　　　　　俩

98.　　　　　值得

99.　　　　　区别

100.　　　　　抱

06회

모의고사

녹음 듣기

준비 다 되셨나요?

1. 듣기 파일은 트랙 'TEST 06'입니다.

   (듣기 파일은 맛있는북스 홈페이지(www.booksJRC.com)에서 무료로 다운로드 할 수 있습니다.)

   미리 준비하지 않으셨다면 QR코드를 스캔해서 듣기 파일을 준비해 주세요.

2. 답안카드는 본책 259쪽에 수록되어 있습니다. 한 장을 자른 후에 답을 기입하세요.

3. 2B연필, 지우개, 시계도 준비하셨나요? 2B연필은 두 개를 준비하면 더 좋습니다. 하나는 마킹용,

   다른 하나는 쓰기 영역을 풀 때 사용하세요.

机会总是留给有准备的人!

기회는 준비된 사람에게 온다!

汉语水平考试
HSK(四级)

注　意

一、HSK (四级) 分三部分：

　　1. 听力 (45题，约30分钟)

　　2. 阅读 (40题，40分钟)

　　3. 书写 (15题，25分钟)

二、听力结束后，有5分钟填写答题卡。

三、全部考试约105分钟 (含考生填写个人信息时间5分钟)。

一、听 力

第一部分

第1–10题：判断对错。

例如：我想去办个信用卡，今天下午你有时间吗? 陪我去一趟银行?

    ★ 他打算下午去银行。   (√)

    现在我很少看电视，其中一个原因是，广告太多了，不管什么时间，也不管什么节目，只要你打开电视，总能看到那么多的广告，浪费我的时间。

    ★ 他喜欢看电视广告。   (×)

1. ★ 那位作家的小说很有名。   (   )

2. ★ 这件衬衫适合春天穿。   (   )

3. ★ 儿子感冒很严重。   (   )

4. ★ 张经理的电话打不通。   (   )

5. ★ 他认为小王没做错。   (   )

6. ★ 那几份调查做得很好。   (   )

7. ★ 他让小云去机场接大使。   (   )

8. ★ 大理一年四季都很热。   (   )

9. ★ 筷子应该经常换。   (   )

10. ★ 环保要从生活中的小事做起。   (   )

第二部分

第 11-25 题：请选出正确答案。

例如：女：该加油了，去机场的路上有加油站吗？

　　　男：有，你放心吧。

　　　问：男的主要是什么意思？

　　　A 去机场　　　　B 快到了　　　　C 油是满的　　　　D 有加油站 √

11. A 口渴　　　　B 坐地铁　　　　C 需要零钱　　　　D 准备爬山

12. A 130台　　　　B 123台　　　　C 132台　　　　D 231台

13. A 得重新写　　　　B 非常新鲜　　　　C 不太详细　　　　D 写得很好

14. A 李护士　　　　B 王大夫　　　　C 小伙子　　　　D 小姑娘

15. A 散步　　　　B 加班　　　　C 问路　　　　D 开车

16. A 不能刷卡　　　　B 突然停电了　　　　C 女的钱包丢了　　　　D 男的用手机付款

17. A 找手机　　　　B 查字典　　　　C 写邮件　　　　D 联系教授

18. A 照相　　　　B 排队　　　　C 抬东西　　　　D 发传真

19. A 不认识　　　　B 没看清　　　　C 没睡醒　　　　D 很生气

20. A 很简单　　　　B 很轻松　　　　C 有意思　　　　D 奖金低

21. **A** 门关不上　　　　**B** 灯又坏了　　　　**C** 又停水了　　　　**D** 不能上网了

22. **A** 让人失望　　　　**B** 有些无聊　　　　**C** 十分精彩　　　　**D** 非常浪漫

23. **A** 机场　　　　　　**B** 医院　　　　　　**C** 宾馆　　　　　　**D** 旅行社

24. **A** 要去留学　　　　**B** 考上了大学　　　　**C** 收到了邀请信　　　　**D** 拿到了奖学金

25. **A** 压力很大　　　　**B** 不感兴趣　　　　**C** 累但值得　　　　**D** 能去很多地方

第三部分

第26-45题：请选出正确答案。

例如：男：把这个材料复印5份，一会儿拿到会议室发给大家。

女：好的。会议是下午三点吗?

男：改了。三点半。推迟了半个小时。

女：好。602会议室没变吧?

男：对，没变。

问：会议几点开始?

A 两点　　　　B 3点　　　　C 3:30 √　　　D 6点

26. A 张教练　　　　B 马经理　　　　C 刘教授　　　　D 李爷爷

27. A 弄脏了衣服　　B 忘记带手机了　C 给小狗买吃的　D 看看关没关窗

28. A 进错门了　　　B 不认识路　　　C 忘了开机密码　D 打不开行李箱

29. A 重新学　　　　B 多练习　　　　C 查资料　　　　D 问老师

30. A 爬长城　　　　B 吃北京烤鸭　　C 去香山玩儿　　D 看传统表演

31. A 是博士　　　　B 早上有课　　　C 9点半下课　　　D 找到工作了

32. A 有些咸　　　　B 很特别　　　　C 不太好吃　　　D 缺点儿盐

33. A 游泳　　　　　B 爬山　　　　　C 购物　　　　　D 加班

34. A 银行　　　　　B 餐厅　　　　　C 邮局　　　　　D 厨房

35. **A** 练习发音　　**B** 挂张地图　　**C** 阅读杂志　　**D** 准备考试

36. **A** 家具　　**B** 洗衣机　　**C** 电视机　　**D** 照相机

37. **A** 名片上　　**B** 笔记本上　　**C** 申请表上　　**D** 保修卡上

38. **A** 咸　　**B** 烫　　**C** 辣　　**D** 甜

39. **A** 材料丰富　　**B** 适合聚会吃　　**C** 很多人都喜欢　　**D** 川菜馆儿不好找

40. **A** 世界很大　　**B** 学习要努力　　**C** 人各有特点　　**D** 比赛没有输赢

41. **A** 态度要冷静　　**B** 方法要多样　　**C** 经常夸学生　　**D** 要认真准备

42. **A** 很诚实　　**B** 很严格　　**C** 很积极　　**D** 很孤单

43. **A** 仔细考虑　　**B** 考虑专业　　**C** 看收入高低　　**D** 重视将来发展

44. **A** 是大学生　　**B** 互不认识　　**C** 人数很多　　**D** 用手机联系

45. **A** 提供语言服务　　**B** 减少城市污染　　**C** 鼓励人们阅读　　**D** 改变交通情况

二、阅 读

第一部分

第 46-50 题：选词填空。

      A 味道   **B** 危险   **C** 比如   **D** 坚持   **E** 所有   **F** 收

例如：她每天都（   **D**   ）走路上下班，所以身体一直很不错。

46. 生活中少了幽默，就好像菜里忘了加盐，总让人感觉少了些（   ）。

47. 酒后驾驶非常（   ），这是法律严格禁止的。

48. 这个购票窗口只（   ）现金，不能刷卡。

49. 我们应该学会拒绝，而不是无条件接受别人（   ）的要求。

50. 在大城市生活其实也有很多缺点，（   ）工作压力大、空气质量差等等。

第51-55题：选词填空。

A 严重　　　　B 整理　　　　C 温度　　　　D 正常　　　　E 印象　　　　F 顾客

例如：A：今天真冷啊，好像白天最高（　　C　　）才2℃。

　　　B：刚才电视里说明天更冷。

51. A：你能把《经济管理学》那门课的材料发给我吗?

　　 B：没问题，把你的邮箱地址告诉我，我（　　　　　）好了就发给你。

52. A：怎样才能提高酒店的竞争力?

　　 B：我认为关键是提高服务质量，让（　　　　　）满意。

53. A：检查结果出来了，你的身体一切（　　　　　）。

　　 B：那就好。不过我的皮肤为什么会发红呢?

54. A：你对小刘的（　　　　　）怎么样?

　　 B：还不错，我就喜欢他这种性格活泼的年轻人。

55. A：只是腿擦破了点儿皮，医生说不（　　　　　）。

　　 B：没事就好，你先坐下休息一会儿吧。

第二部分

第56-65题：排列顺序。

例如：A 可是今天起晚了

　　　B 平时我骑自行车上下班

　　　C 所以就打车来公司　　　　　　　　　　　　　　　 <u>B A C</u>

56. A 学习时，不但要知道答案是什么

　　 B 还要弄清楚答案到底是怎么得来的

　　 C 只有这样，才能把问题真正弄懂　　　　　　　 _____

57. A 很多大学都会举办校园招聘会

　　 B 这给找工作的毕业生提供了很多机会

　　 C 每年的五月份　　　　　　　　　　　　　　　　 _____

58. A 入口处有专门存包的地方

　　 B 抱歉，您的手提包不能带入馆内

　　 C 您可以把包放在那儿　　　　　　　　　　　　　 _____

59. A 看看蓝天白云、读读最喜爱的小说

　　 B 那种感觉真是太棒了

　　 C 天气不错的周末，我喜欢坐在草地上　　　　　　 _____

60. A 我故意骗他说上个周日加班

    B 他那天早上竟然真的去公司了

    C 本来只是想开个玩笑，结果

    _____

61. A 别看小李个子矮、瘦瘦的

    B 这些家具很多都是他一个人抬上来的

    C 力气却大得多

    _____

62. A 这时礼貌的做法就是先给他发条短信

    B 担心直接打电话会打扰到他

    C 当你有事想联系一个人，可又不知道他是否有空儿

    _____

63. A 也要试着原谅自己

    B 世界上没有十全十美的人，每个人都有缺点

    C 所以我们既要学会原谅别人

    _____

64. A 要是去了西安而没有去那儿尝尝小吃

    B 就不能说自己去过西安

    C 这条小吃街在西安很有名，很多人都说

    _____

65. A 这与他平时经常锻炼身体有关

    B 孙师傅今年已经60多岁了

    C 可看上去要比他的实际年龄小很多

    _____

第三部分

第66-85题：请选出正确答案。

例如：她很活泼，说话很有趣，总能给我们带来快乐，我们都很喜欢和她在一起。

　　★ 她是个什么样的人？

　　　A 幽默 √　　　　B 马虎　　　　C 骄傲　　　　D 害羞

66. 她穿了一件粉红色的裙子，害羞地坐在钢琴前面，看起来十分紧张。可一弹起琴来，就像变了一个人，马上放松了下来，并且很自信，弹得也非常专业。

　　★ 她一弹起钢琴就会：

　　　A 很紧张　　　B 很放松　　　C 有些着急　　　D 非常兴奋

67. 根据最新销售报告，我们的电脑出售越来越好。有65%的顾客说受到了我们广告的影响，只有20%的人表示从来没看过我们的广告。

　　★ 根据这段话，可以知道什么？

　　　A 会发奖金　　　B 有打折活动　　　C 广告效果好　　　D 电脑在网上卖

68. 王小雨在申请表上填的电话是错的，老师现在联系不上她。如果有哪位同学见到了她，请让她到老师办公室一趟。

　　★ 老师联系不上王小雨是因为：

　　　A 地址错了　　　B 号码不对　　　C 电话占线　　　D 手机关机

69. 20几年前，我们还有通过写信交笔友的习惯。但是随着科学技术的发展，尤其是这几年，几乎没有人写信，人们一般打电话或者上网跟别人联系。

    ★ 最近人们：

    A 经常旅游　　　**B** 上网聊天　　　**C** 不用电脑　　　**D** 写信交友

70. 小李最近心情不太好，可能是因为上次比赛输了。你最好找个时间跟他谈一谈，让他不要有压力，鼓励他好好儿准备下次比赛。

    ★ 小李心情不好的原因是：

    A 担心受伤　　　**B** 没通过考试　　　**C** 受比赛影响　　　**D** 比赛前很紧张

71. 拒绝握手是不礼貌的，不过当手脏的时候，可以先拒绝，然后马上解释原因并对此表示抱歉，否则可能引起误会，让人觉得你不友好。

    ★ 拒绝握手后为什么要马上道歉？

    A 获得尊重　　　**B** 引起注意　　　**C** 接受批评　　　**D** 减少误会

72. 同学们，马上就要放寒假了，大家一定要注意安全，尤其是不要去危险的地方，而且最好不要一个人外出。祝大家假期愉快，咱们明年再见！

    ★ 说话人提醒同学们：

    A 照顾父母　　　**B** 注意安全　　　**C** 小心被骗　　　**D** 按时交作业

73. 生活中有这样两种人：一种总是看别人怎么生活，另一种喜欢生活给别人看。其实，每个人都有自己的生活，不用羡慕他人，也用不着向别人证明什么，只要用心走好自己的路，幸福就在眼前。

    ★ 这段话告诉我们应该：

    A 有礼貌　　　　　　　　　**B** 主动与人交流
    C 敢说自己的想法　　　　　**D** 过好自己的生活

74. 谢谢你邀请我看表演，今晚的节目太精彩了，特别是小朋友们表演的中国功夫，动作既标准又好看，非常棒。以后如果还有这样的节目，一定要告诉我啊。

   ★ 说话人觉得功夫表演：

   A 好极了　　　　B 不够标准　　　　C 时间太短　　　　D 音乐好听

75. 眼镜已经有800多年的历史了，现在生活中很多人都戴眼镜，但是它刚出现的时候价格非常贵，只有少数人才买得起，使用并不普遍。

   ★ 眼镜刚出现的时候：

   A 不被大家接受　　　　　　　　B 很少有人使用
   C 戴的人很普遍　　　　　　　　D 出现质量问题

76. 红树是生长在海边的植物。与很多植物不同，它可以生长在海水中。中国的红树林以海南省最为有名，年年都有很多游客专门去那儿参观。

   ★ 红树可以：

   A 开花结果　　　B 离开土地　　　C 在海边生长　　　D 在热带生长

77. "数量词"是汉语语法的一部分，我们会说"一个人"、"一位先生"，而不说"一位人"、"一个先生"。这是一种表达习惯。

   ★ 汉语里为什么不说"一位人"？

   A 不易理解　　　B 不方便学习　　　C 不适应市场　　　D 不符合习惯

78. 一般三岁左右的孩子就可以学习自己刷牙了。在正式教孩子刷牙前，父母可以让孩子自己选择喜欢的杯子、牙刷和牙膏，这样更能引起他们刷牙的兴趣。

   ★ 让孩子选牙刷，能使他们：

   A 懂得节约　　　B 养成好习惯　　　C 学会刷牙方法　　　D 对刷牙感兴趣

79. "百里半九十"这句话的意思是：走一百里，如果没有走到最后，就算走了九十里也跟才走了一半差不多。人们常用这句话鼓励做事一定要坚持到底。

★ 这句话想告诉我们：

A 要多阅读   B 要坚持到最后

C 多锻炼的好处   D 要经常检查身体

80–81.

顾客朋友们，本店现推出"购书送好礼"活动，购书满200元即可获得一本杂志，满300元可获得50元购书卡。另外，部分图书还有打折活动，其中，国内小说9折，英语词典8折，中小学参考书等7折。欢迎选购！祝您购物愉快！

★ 购书花280元，可获得：

A 小说   B 杂志   C 笔记本   D 参考书

★ 根据这段话，可以知道：

A 小说受欢迎   B 没有外语书   C 有些书打折   D 生意不太好

82–83.

随着互联网的发展，现在出现了很多流行词。关于是否要把这些词收到词典里，人们的看法不一。很多语言学者认为，一个词的收与不收，不但要看是否被很多人使用，而且要看这个词流行时间有多长，没有生命力的词是不应收进词典里的。

★ 语言学者认为收进词典里的词应该：

A 容易记住   B 引人发笑   C 被所有人使用   D 有很强的生命力

★ 这篇文章主要说的是：

A 科技发展   B 电子词典   C 现代语言学   D 网上流行词

84-85.

　　小李是一个嘴很笨的人，可他平时却十分喜欢说话。一天，朋友的咖啡店开业，他拿着鲜花去祝贺。到了咖啡店，朋友在动听的音乐中认认真真地擦桌子，准备迎接第一位客人，心里充满期待。小李见只有朋友一人，而没有一个顾客，便说："你的工作真轻松，一大早就关门啊！"朋友听后，对小李说："对，你走吧！我要关门回家了。"

　　★ 小李为什么去朋友的咖啡店？

　　　A 帮忙　　　　　B 喝咖啡　　　　　C 提建议　　　　　D 祝贺朋友

　　★ 根据上文，"嘴很笨"可能是什么意思？

　　　A 不聪明　　　　B 工作不认真　　　C 不太会说话　　　D 爱批评别人

三、书 写

第一部分

第86-95题：完成句子。

例如：那座桥　　　　800年的　　　　历史　　　有　　　　了

那座桥有800年的历史了。

86. 完全　　　　的　　　　不同　　　　读音　　　　这两个字

87. 皮肤　　　去非洲旅游时　　　要　　　保护　　　注意

88. 这则新闻　　　请　　　翻译成　　　把　　　中文

89. 一倍　　　我的工资　　　比　　　增加了　　　五年前

90. 禁止　　　随便　　　高速公路上　　　停车

91. 公司管理　　　这篇文章是　　　的　　　介绍

92. 他　　　国外的邮件　　　一封　　　收到了　　　来自

93. 使　　　海洋污染　　　变得　　　海鱼数量　　　越来越少

94. 那个顾客　　　道歉了　　　接受　　　你的　　　吗

95. 比赛的结果　　　观众　　　对　　　十分　　　失望

第二部分

第 96-100 题：看图，用词造句。

例如：　乒乓球　<u>她很喜欢打乒乓球。</u>

96.　　　　　　　　咸

97.　　　　　　　　转

98.　　　　　　　　到底

99.　　　　　　　　汗

100.　　　　　　　　堵车

07회

모의고사

녹음 듣기

준비 다 되셨나요?

1. 듣기 파일은 트랙 '**TEST 07**'입니다.
   (듣기 파일은 **맛있는북스 홈페이지**(www.booksJRC.com)에서 무료로 다운로드 할 수 있습니다.)
   미리 준비하지 않으셨다면 **QR코드**를 스캔해서 듣기 파일을 준비해 주세요.

2. **답안카드**는 본책 259쪽에 수록되어 있습니다. 한 장을 자른 후에 답을 기입하세요.

3. 2B연필, 지우개, 시계도 준비하셨나요? 2B연필은 두 개를 준비하면 더 좋습니다. 하나는 마킹용,
   다른 하나는 쓰기 영역을 풀 때 사용하세요.

是金子总会发光!

금은 언젠가는 빛난다!

汉语水平考试
HSK(四级)

注　意

一、HSK (四级) 分三部分：

   1. 听力 (45题，约30分钟)

   2. 阅读 (40题，40分钟)

   3. 书写 (15题，25分钟)

二、听力结束后，有5分钟填写答题卡。

三、全部考试约105分钟 (含考生填写个人信息时间5分钟)。

一、听 力

第一部分

第1-10题：判断对错。

例如：我想去办个信用卡，今天下午你有时间吗? 陪我去一趟银行?

    ★ 他打算下午去银行。   (√)

    现在我很少看电视，其中一个原因是，广告太多了，不管什么时间，也不管什么节目，只要你打开电视，总能看到那么多的广告，浪费我的时间。

    ★ 他喜欢看电视广告。   (×)

1. ★ 父母对孩子要讲信用。   (   )

2. ★ 复印机修好了。   (   )

3. ★ 他们一点半在出口见。   (   )

4. ★ 教狗学习需要耐心。   (   )

5. ★ 她不愿意用宾馆的毛巾。   (   )

6. ★ 亲戚暑假常去他家玩儿。   (   )

7. ★ 年轻人应该相信自己。   (   )

8. ★ 阳光的作用很大。   (   )

9. ★ 他们俩以前是同事。   (   )

10. ★ 他顺利坐上飞机了。   (   )

第二部分

第11-25题：请选出正确答案。

例如：女：该加油了，去机场的路上有加油站吗？

男：有，你放心吧。

问：男的主要是什么意思？

A 去机场　　　B 快到了　　　C 油是满的　　　D 有加油站 √

11. A 擦窗户　　　B 给狗洗澡　　　C 收拾厨房　　　D 弄倒了茶杯

12. A 司机　　　B 教师　　　C 厨师　　　D 警察

13. A 很轻松　　　B 特别愉快　　　C 非常激动　　　D 有点儿紧张

14. A 售货员　　　B 王教授　　　C 王秘书　　　D 办公室经理

15. A 去约会　　　B 去出差　　　C 朋友结婚　　　D 参加面试

16. A 牙很疼　　　B 肚子难受　　　C 检查身体　　　D 陪奶奶看病

17. A 没带钥匙　　　B 没吃晚饭　　　C 钱包丢了　　　D 打错电话了

18. A 聪明　　　B 活泼　　　C 内向　　　D 漂亮

19. A 母亲　　　B 父亲　　　C 叔叔　　　D 男朋友

20. A 出事故　　　B 有演出　　　C 商场打折　　　D 举行比赛

21. **A** 要加班　　　　　**B** 生病了　　　　　**C** 得准备考试　　　　**D** 不喜欢购物

22. **A** 做生意　　　　　**B** 当导游　　　　　**C** 读博士　　　　　　**D** 没报名

23. **A** 笑了　　　　　　**B** 嗓子疼　　　　　**C** 很感动　　　　　　**D** 觉得太辣

24. **A** 5月　　　　　　　**B** 5日　　　　　　**C** 15日　　　　　　　**D** 12月

25. **A** 排队等　　　　　**B** 去逛街　　　　　**C** 两点再来　　　　　**D** 换个地方

第三部分

第26-45题：请选出正确答案。

例如：男：把这个材料复印5份，一会儿拿到会议室发给大家。
　　　女：好的。会议是下午三点吗?
　　　男：改了。三点半。推迟了半个小时。
　　　女：好。602会议室没变吧?
　　　男：对，没变。
　　　问：会议几点开始?

    A 两点　　　　　**B** 3点　　　　　**C** 3:30 √　　　　**D** 6点

26. **A** 影响学习　　　**B** 浪费时间　　　**C** 可以赚钱　　　**D** 能积累经验

27. **A** 有些累　　　　**B** 工作忙　　　　**C** 会打扮　　　　**D** 有耐心

28. **A** 很饿　　　　　**B** 会做菜　　　　**C** 正在约会　　　**D** 不吃羊肉

29. **A** 要买黄的　　　**B** 刷信用卡　　　**C** 试试白的　　　**D** 打算买两条

30. **A** 灯坏了　　　　**B** 停电了　　　　**C** 男的要睡觉　　**D** 邻居不在家

31. **A** 去旅游　　　　**B** 去购物　　　　**C** 去看音乐会　　**D** 去他那儿玩

32. **A** 多休息　　　　**B** 别抽烟　　　　**C** 少喝酒　　　　**D** 多喝水

33. **A** 爱听广播　　　**B** 在法院工作　　**C** 看得懂功夫　　**D** 打算学京剧

34. **A** 警察局　　　　**B** 大使馆　　　　**C** 首都机场　　　**D** 国家博物馆

35. **A** 要搬家　　　　**B** 心情不错　　　　**C** 学会开车了　　　　**D** 找了新工作

36. **A** 语法　　　　　**B** 发音　　　　　　**C** 汉字　　　　　　　**D** 词语

37. **A** 太复杂　　　　**B** 效果很好　　　　**C** 帮助不大　　　　　**D** 特别麻烦

38. **A** 长得好看　　　**B** 喜爱跳舞　　　　**C** 叫声好听　　　　　**D** 站着睡觉

39. **A** 看不见　　　　**B** 一直都在　　　　**C** 不好理解　　　　　**D** 离生活很远

40. **A** 害羞　　　　　**B** 活泼　　　　　　**C** 安静　　　　　　　**D** 热闹

41. **A** 互相了解　　　**B** 经常联系　　　　**C** 兴趣差不多　　　　**D** 心情更放松

42. **A** 同意　　　　　**B** 生气　　　　　　**C** 没关系　　　　　　**D** 不支持

43. **A** 医院　　　　　**B** 电影院　　　　　**C** 飞机上　　　　　　**D** 动物园

44. **A** 竞争大　　　　**B** 老板严格　　　　**C** 工作任务多　　　　**D** 太重视输赢

45. **A** 生活态度　　　**B** 工作方法　　　　**C** 旅行计划　　　　　**D** 压力的重要性

二、阅 读

第一部分

第46-50题：选词填空。

A 擦　　　　B 文章　　　　C 重　　　　D 坚持　　　　E 观众　　　　F 按时

例如：她每天都（　**D**　）走路上下班，所以身体一直很不错。

46. 谢谢，不用了，这个行李箱一点儿也不（　　　　），我自己抬得动。

47. 这部电影非常感人，很多（　　　　）都是哭着走出电影院的。

48. 老师，为什么橡皮能（　　　　）掉铅笔写的字?

49. 王经理真是太忙了，我从来都没见他（　　　　）下班过。

50. 这篇（　　　　）是由张教授和他的几个博士学生一起写的。

第 51–55 题：选词填空。

| A 收 | B 祝贺 | C 温度 | D 困难 | E 安排 | F 打扰 |

例如：A：今天真冷啊，好像白天最高（　　C　　）才2℃。

B：刚才电视里说明天更冷。

51. A：真不好意思，（　　　　　）你这么久，下次我请你喝咖啡吧。

B：没关系，我本来也不是很忙。

52. A：（　　　　　）你获得"最受欢迎男演员奖"。你有什么想对大家说的吗？

B：谢谢大家对我的喜爱和肯定。我会继续努力，演出更多更好的电影。

53. A：今天不是10号吗？怎么还不发工资啊？

B：上午就发了，难道你没（　　　　　）到银行的短信吗？

54. A：小刘，你有什么意见？

B：按照现在的速度，想要在规定时间内完成任务，好像有点儿（　　　　　）。

55. A：你接下来有什么（　　　　　）?

B：我想先去上海玩儿几天，时间允许的话，再去一趟杭州。

第二部分

第56-65题：排列顺序。

例如：A 可是今天起晚了

　　　 B 平时我骑自行车上下班

　　　 C 所以就打车来公司　　　　　　　　　　　　　<u>B　A　C</u>

56. A 例如生命、爱情、友谊和时间

　　 B 钱虽然能买到许多东西

　　 C 但世界上还有很多是钱买不到、也换不来的　　　_____

57. A 我通过律师考试了

　　 B 爸爸，告诉您一个好消息

　　 C 以后就是一名律师了　　　　　　　　　　　　　_____

58. A 没找到那位钢琴家的家

　　 B 恐怕是搬家了吧

　　 C 我按照上面的地址找过了　　　　　　　　　　　_____

59. A 原因是他的电影太有意思了

　　 B 我却最喜欢周星驰

　　 C 世界上有名的电影演员那么多　　　　　　　　　_____

60. **A** 两个人既然决定共同生活

　　B 懂得互相信任和尊重才是最重要的

　　C 那么，只有浪漫的爱情是不够的　　　_____

61. **A** 平时，他学习很紧张

　　B 只有放了假，才有可能和家人一起去旅游

　　C 几乎没有时间出去玩儿　　　_____

62. **A** 如果你不能勇敢地走出第一步

　　B 就永远没有机会获得成功

　　C 因此，千万别因害怕失败而不敢开始　　　_____

63. **A** 他们在儿童教育中起着最基础的作用

　　B 父母也是老师，甚至比学校的老师更重要

　　C 因此在成为父母之前，要学习一点儿教育方法　　　_____

64. **A** 这种牙膏效果非常不错

　　B 购买满30元还免费送一个，非常合适

　　C 正好现在还有打折活动　　　_____

65. **A** 就是有时语法上会有点儿小错误

　　B 但我们交流起来完全没问题

　　C 她的中文说得很流利　　　_____

第三部分

第66-85题：请选出正确答案。

例如：她很活泼，说话很有趣，总能给我们带来快乐，我们都很喜欢和她在一起。

★ 她是个什么样的人？

A 幽默 √　　　　B 马虎　　　　　C 骄傲　　　　　D 害羞

66. 老李这几年做生意发了一笔财，但是他拿出赚来的大部分钱去帮助那些经济困难的人，因此大家都很尊敬他。

★ 大家为什么尊敬老李？

A 很诚实　　　B 会做生意　　　　C 收入很高　　　　D 帮助穷人

67. 听说你今天晚上去市体育中心看演出，我估计演出结束时，人恐怕不少，说不定会堵车的，所以你们提前一点儿出来吧。

★ 说话人让他们提前出来是因为：

A 没有地铁　　B 一起回家　　　C 演出没意思　　D 担心会堵车

68. 真正会生活的人能根据自己的需要和经济能力，购买适合自己的东西。相反，不懂生活的人不知道怎样安排自己赚的钱，总是把钱花在既贵又用不到的东西上。

★ 会生活的人会怎么样？

A 努力赚钱　　　　　　　　B 买需要的东西
C 懂得安排工作　　　　　　D 不浪费每一秒

69. 虽然我们都要去不同的城市工作了，但不管多远、多忙，也要常见面、常聚会。来，让我们干了这杯酒，祝我们的友谊地久天长！

   ★ 说话人希望大家以后能：

   A 有高收入　　**B** 幸福快乐　　　**C** 经常见面　　　**D** 没有烦恼

70. 塑料袋的大量使用带来了严重的环境污染问题。有些国家规定，超市、商店不给顾客提供免费塑料袋，并且鼓励购买能多次使用的购物袋。

   ★ 根据这段话，有些国家：

   A 禁止抽烟　　**B** 重视交通规则　　**C** 鼓励用购物袋　　**D** 提供免费饮用水

71. 有些人通过节食的方法来减肥，虽然有效，可是时间长了身体会受不了。真正健康的减肥方法就是多运动，这样做既对身体好，还能让自己看起来更有精神。

   ★ 想要健康减肥，应该：

   A 多锻炼　　　**B** 少吃东西　　　**C** 喝减肥茶　　　**D** 保持好心情

72. 别人支持也好，反对也好，那是别人的事情，不是我们能决定的。但是，如果我们有什么看法或者意见，就应该表达出来。即使别人不同意或不支持，至少要让别人知道我们的看法和态度。

   ★ 根据上文，我们应该：

   A 照顾父母　　**B** 敢于表达　　　**C** 尊重别人　　　**D** 多支持同事

73. 很多人喜欢吃饺子，却觉得包饺子太麻烦。一个人包饺子确实无聊，但要是很多人一起包就不一样了，不仅会包得很快，而且过程也会变得有趣得多。

   ★ 大家一起包饺子：

   A 味道香　　　**B** 速度慢　　　　**C** 很有意思　　　**D** 增加感情

74. 杨洋，如果你真的不喜欢现在的专业，可以选择换一个，比如换成中文或者国际关系专业。但是很多学生换完以后都会后悔，所以你一定要想好。要不你先去了解一下这些专业，说不定到最后你会改变主意。

    ★ 根据上文，杨洋：

       A 想换专业   B 想读硕士   C 想出国留学   D 不想上学了

75. 这是本介绍最新科学发现和研究的杂志，它的语言简单易懂，而且十分幽默。像我这种对科学完全不感兴趣的人，读起来居然也会觉得很有意思。

    ★ 那本杂志：

       A 介绍动物   B 不太幽默   C 有些复杂   D 很好理解

76. 最近一些网站上的广告太多，十分影响人们看其他内容。有的广告网页，你想关闭也关不了，真是太麻烦了。

    ★ 说话人对"网站上的广告"是什么态度？

       A 骄傲   B 鼓励   C 担心   D 讨厌

77. 这个演员长得很不错，唱歌跳舞也很出色，但是电影演得不怎么样。我看过他的好几部电影，都演得很一般。

    ★ 那个演员：

       A 喜欢表演   B 很受欢迎   C 演得不太好   D 原来是歌手

78. 对孩子来说，爬是最重要的全身活动。通过爬行，孩子既可以打好以后站立行走的基础，又可以提高智力。因此专家说，孩子的爬行越早越有利。

    ★ 孩子爬行有什么好处？

       A 更健康更聪明   B 跑步跑得更快
       C 能跟大人交流   D 可以独立生活

79. 什么是"及时雨"？其实这个词很容易理解，很长时间没下雨了，正缺水的时候，下了场大雨，我们就认为这场雨很及时。当我们正需要朋友的帮助时，朋友就出现了，朋友就是"及时雨"。

★ 上文主要谈的是：

A 朋友的作用

B 春雨的影响

C 学习的重要性

D "及时雨"的意思

80-81.

目的地可能只有一个，可是通往目的地的道路却有很多条。所以，当一条路走不通时，我们可以换另外一条试一试。只要我们不放弃努力，总会找到一条合适的路，通往成功的目的地。

★ 当一条路走不通时，我们应该：

A 试试别的路　　B 找别人帮忙　　C 暂时停下来　　D 勇敢地前进

★ 根据上文，可以知道：

A 忘记烦恼　　B 要有信心　　C 说话别太直接　　D 成功需要坚持

82-83.

很多人问我什么时候是去丽江旅游的黄金季节。我觉得每年的12月到第二年的3月是最好的时间。因为那时交通、饮食和住宿等都不太贵。温度大约在-5℃到18℃之间，幸运的话，会遇到下雪天，蓝天白云下的雪景非常美。

★ 什么时候去丽江比较好？

A 12月　　　　B 5月　　　　C 9月　　　　D 11月

★ 根据这段话，丽江：

A 交通不方便

B 游客非常多

C 雪景很漂亮

D 有很多少数民族

84-85.

　　有一天，爸爸跟以前一样下班很晚。回到家的时候，7岁的女儿站在门口。女儿问爸爸："爸爸，你一个小时能挣多少钱？""20块。"爸爸回答说。"那你能给我10块钱吗？"爸爸拿出10块钱给了女儿。这时女儿从口袋里又拿出一张10块钱，对爸爸说："我有20块钱，你能卖我一个小时的时间吗？ 明天请早点回家跟我吃晚饭，好吗？"

　　★ 根据上文，女儿：

　　　A 很热情　　　B 爱吃蛋糕　　　C 上小学了　　　D 原来有10块钱

　　★ 关于爸爸，可以知道什么？

　　　A 很高兴　　　B 不太累　　　C 工作很忙　　　D 常常出差

三、书 写

第一部分

第86-95题：完成句子。

例如：那座桥　　　　800年的　　　　历史　　　　有　　　　了

　　　　<u>那座桥有800年的历史了。</u>

86. 翻译得　　　　这个词　　　　准确　　　　不太

87. 大　　　　原来的　　　　新房子的客厅　　　　多了　　　　比

88. 很吃惊　　　　让读者　　　　故事的　　　　感到　　　　发展

89. 吃光　　　　孙子　　　　都被　　　　了　　　　巧克力

90. 工作　　　　手中的　　　　他　　　　不得不　　　　停下

91. 一家　　　　开　　　　对面　　　　复印店　　　　将来要

92. 上节课学过的　　　　请大家　　　　内容　　　　复习一下　　　　把

93. 吗　　　　一点儿　　　　不害怕　　　　都　　　　难道你当时

94. 路　　　　去　　　　海洋馆的　　　　现在特别　　　　堵

95. 节约用纸　　　　要　　　　好习惯　　　　养成　　　　的

第二部分

第 96-100 题：看图，用词造句。

例如：  乒乓球　她很喜欢打乒乓球。

96.　　　　　　　　　乘坐

97.　　　　　　　　　猜

98.　　　　　　　　　指

99.　　　　　　　　　破

100.　　　　　　　　修理

08회

모의고사

준비 다 되셨나요?

1. 듣기 파일은 트랙 'TEST 08'입니다.
   (듣기 파일은 **맛있는북스 홈페이지**(www.booksJRC.com)에서 무료로 다운로드 할 수 있습니다.)
   미리 준비하지 않으셨다면 **QR코드**를 스캔해서 듣기 파일을 준비해 주세요.

2. **답안카드**는 본책 259쪽에 수록되어 있습니다. 한 장을 자른 후에 답을 기입하세요.

3. 2B연필, 지우개, 시계도 준비하셨나요? 2B연필은 두 개를 준비하면 더 좋습니다. 하나는 마킹용,
   다른 하나는 쓰기 영역을 풀 때 사용하세요.

坚持就是胜利!

버티는 게 이기는 것이다!

汉语水平考试
HSK(四级)

注　意

一、HSK (四级) 分三部分：

    1.　听力 (45题，约30分钟)

    2.　阅读 (40题，40分钟)

    3.　书写 (15题，25分钟)

二、听力结束后，有5分钟填写答题卡。

三、全部考试约105分钟 (含考生填写个人信息时间5分钟)。

一、听 力

第一部分

第1–10题：判断对错。

例如：我想去办个信用卡，今天下午你有时间吗? 陪我去一趟银行?

    ★ 他打算下午去银行。   (√)

    现在我很少看电视，其中一个原因是，广告太多了，不管什么时间，也不管什么节目，只要你打开电视，总能看到那么多的广告，浪费我的时间。

    ★ 他喜欢看电视广告。   (×)

1. ★ 小刘去银行取钱。   (   )

2. ★ 那家店免费为顾客送家具。   (   )

3. ★ 他们现在在学校。   (   )

4. ★ 他想参加网球比赛。   (   )

5. ★ 海洋和森林一样有许多动植物。   (   )

6. ★ 春天容易感冒。   (   )

7. ★ 面试时必须准时到。   (   )

8. ★ 世界杯吸引了很多商家。   (   )

9. ★ 没能力的人没有责任心。   (   )

10. ★ 喝茶跟减肥没有任何关系。   (   )

第二部分

第11-25题：请选出正确答案。

例如：女：该加油了，去机场的路上有加油站吗？

男：有，你放心吧。

问：男的主要是什么意思？

A 去机场   B 快到了   C 油是满的   D 有加油站 √

11. A 搬椅子   B 抬沙发   C 换个大信封   D 发电子邮件

12. A 不用来接   B 去飞机场   C 有人来接   D 行李很多

13. A 扔垃圾   B 填表格   C 打排球   D 看照片

14. A 药店   B 公园   C 医院   D 百货商店

15. A 想做教授   B 写错答案了   C 大学刚毕业   D 以前是一名律师

16. A 个子高   B 很漂亮   C 有些粗心   D 性格活泼

17. A 感冒了   B 有点儿渴   C 想躺下休息   D 肚子不舒服

18. A 年龄小   B 想去参观   C 没有报名   D 不爱学习

19. A 弹吉他   B 弹钢琴   C 打乒乓球   D 跳传统舞

20. A 很辣   B 油腻   C 太苦了   D 盐放少了

21. **A** 老师　　　　　**B** 记者　　　　　**C** 医生　　　　　**D** 护士

22. **A** 连不上网　　　**B** 突然停电　　　**C** 没收到信　　　**D** 打不开邮箱

23. **A** 放弃运动　　　**B** 不吃晚饭　　　**C** 不减肥了　　　**D** 换个方法

24. **A** 换衣服　　　　**B** 洗裤子　　　　**C** 取东西　　　　**D** 收拾行李

25. **A** 女的讨厌烟味　　**B** 男的只有一支　　**C** 这儿不可吸烟　　**D** 女的建议戒烟

第三部分

第26-45题：请选出正确答案。

例如：男：把这个材料复印5份，一会儿拿到会议室发给大家。
女：好的。会议是下午三点吗？
男：改了。三点半。推迟了半个小时。
女：好。602会议室没变吧？
男：对，没变。
问：会议几点开始？

A 两点   B 3点   C 3:30 √   D 6点

26. A 河很宽   B 桥坏了   C 船票不贵   D 坐车能过去

27. A 故事书   B 外语书   C 历史书   D 数学书

28. A 兴趣最重要   B 别打扰孩子   C 关键是学校   D 让孩子自己决定

29. A 提高能力   B 减少麻烦   C 增加收入   D 记下回忆

30. A 高兴   B 着急   C 伤心   D 激动

31. A 非常困   B 没吃早饭   C 没有朋友   D 喜欢交流

32. A 同学   B 同事   C 亲戚   D 家人

33. A 后天   B 下周末   C 这个月底   D 下个星期五

34. A 留学   B 旅行   C 找工作   D 见朋友

35. A 很懒　　　　　B 结婚了　　　　　C 性格内向　　　　D 眼睛很大

36. A 讲课　　　　　B 做游戏　　　　　C 参加考试　　　　D 读研究生

37. A 很可怜　　　　B 平时很忙　　　　C 喜欢打篮球　　　D 父母是教授

38. A 放烟花　　　　B 看电视　　　　　C 吃饺子　　　　　D 送红包

39. A 暖和　　　　　B 寒冷　　　　　　C 凉快　　　　　　D 炎热

40. A 感情　　　　　B 事业　　　　　　C 选择　　　　　　D 失败

41. A 金钱并不重要　B 别做后悔的事　　C 结婚越早越好　　D 失败让人成长

42. A 咖啡　　　　　B 生活　　　　　　C 巧克力　　　　　D 圆面包

43. A 苦中有甜　　　B 越吃越香　　　　C 中间最好吃　　　D 需要慢慢品尝

44. A 获得支持　　　B 增进友谊　　　　C 帮助交朋友　　　D 让对方高兴

45. A 诚实很重要　　B 应该说真话　　　C 要少说多做　　　D 话不应伤害别人

二、阅 读

第一部分

第46–50题：选词填空。

    A 耐心   **B** 按时   **C** 超过   **D** 坚持   **E** 伤心   **F** 个子

例如：她每天都（   **D**   ）走路上下班，所以身体一直很不错。

46. 老公，我要去出差了，下个星期回来，你记得（   ）吃早饭。

47. 你别开太快了，这里速度不能（   ）每小时60公里。

48. 你看看人家老刘，虽然（   ）没你高，但是力气却比你大多了！

49. 人在（   ）的时候，也许哭一哭会让自己舒服一点儿。

50. 这件事情有点儿复杂，你（   ）听，我给你仔细讲讲。

第51-55题：选词填空。

A 距离　　　　B 后悔　　　　C 温度　　　　D 提醒　　　　E 直接　　　　F 严格

例如：A：今天真冷啊，好像白天最高（　　C　　）才2℃。

B：刚才电视里说明天更冷。

51. A：周一的会议改到周五了，你告诉小王了吗？

B：还没呢，忙了一天了，你不（　　　　）我的话，我差点儿忘了。

52. A：这儿离颐和园还有一段（　　　　），你还是坐地铁去吧。

B：请问，地铁站在哪儿？

53. A：快让人受不了了，一个很简单的动作让我们练二三十遍。

B：教练对你们（　　　　）些好，可以让你们打好基础。

54. A：王经理，这份报告要复印几份？

B：先复印10份，一会儿你复印好以后，（　　　　）送到会议室吧。

55. A：最近我总是胃疼，该怎么办呢？

B：以后少喝点酒吧！都是喝酒喝出来的。再喝下去的话，（　　　　）都来不及。

第二部分

第56–65题：排列顺序。

例如：**A** 可是今天起晚了

    B 平时我骑自行车上下班

    C 所以就打车来公司   <u>**B A C**</u>

56. **A** 游泳和跑步都是很好的运动

    B 就能得到很理想的效果

    C 你选择当中任何一个，只要坚持下去   <u>   </u>

57. **A** 对皮肤很有好处

    B 例如，每天早上吃一到两个新鲜的苹果

    C 苹果对人的身体有很大的帮助   <u>   </u>

58. **A** 每个人都有烦恼

    B 只不过有的人把它写在脸上

    C 有的人把它放在心里   <u>   </u>

59. **A** 在原来的基础上，加上了今年市场调查的结果

    B 张经理，我按照您的要求

    C 把报告稍微修改了一下   <u>   </u>

60.　A　因为我们在家里总是能得到温暖

　　　B　不管在外边的世界遇到什么困难

　　　C　家都能让我们忘掉那些

　　　_____

61.　A　很多人都喜欢上网

　　　B　每天花大量的时间在网上玩游戏

　　　C　却不愿意花一点儿时间学习

　　　_____

62.　A　不仅能丰富人们的精神世界

　　　B　艺术给人们的生活带来很多好影响

　　　C　还能增加浪漫的感觉

　　　_____

63.　A　从他嘴里说出来也会变得非常有趣

　　　B　他是一个很有幽默感的人

　　　C　哪怕是很普通的经历

　　　_____

64.　A　每天都引来大量的游客

　　　B　动物园里的这几只熊猫

　　　C　尤其是节假日的时候，来观看的游客格外多

　　　_____

65.　A　就决定要结婚了，这让朋友们大吃一惊

　　　B　他们俩谈恋爱的时间不太长

　　　C　只经过短短的二十天

　　　_____

第三部分

第66-85题：请选出正确答案。

例如：她很活泼，说话很有趣，总能给我们带来快乐，我们都很喜欢和她在一起。

★ 她是个什么样的人？

A 幽默 √   B 马虎   C 骄傲   D 害羞

66. 很多人的烦恼不是来自于"我缺少了什么"，而是因为觉得别人过得比自己好。其实每个人都有自己的幸福。尽管别人手里有巧克力，但是也许你手中的糖会更甜。

★ 我们不应该：

A 忘记烦恼   B 参加活动   C 羡慕别人   D 多吃巧克力

67. 各位乘客，大家好，感谢大家乘坐本次航班，我们的飞机将于15分钟后降落在北京首都国际机场。

★ 飞机：

A 要降落了   B 要起飞了
C 提前了15分钟   D 推迟了一个小时

68. 小刘，关于这方面的问题，我也不怎么懂。不过我的一个朋友是律师，这是他的电话号码，你有什么事直接打电话找他咨询就行了。

★ 小刘想要问哪方面的事情？

A 经济   B 历史   C 法律   D 国际关系

69. 小王一直在给他的顾客打电话，但是对方怎么也不接。我看了看他拨的号码，原来他把那位顾客的手机号码少拨了一位。

   ★ 小王为什么联系不上那位顾客？

     A 拨错号了　　**B** 手机没电了　　**C** 对方在通话中　　**D** 顾客正在开会

70. 随着手机购物的流行，手机付款也逐渐进入了人们生活。手机付款比电脑付款更方便。无论在什么时候，只要有互联网和手机就可以了。手机付款正被越来越多的人接受。

   ★ 手机付款：

     A 不够方便　　**B** 不需网络　　**C** 缺点很多　　**D** 越来越流行

71. 社会的发展跟经济的发展有着密切的关系，但是经济发展的同时不能忘了环境保护。如果环境被污染了，经济再发展，也得不到一个美好的环境。

   ★ 发展经济的同时要注意什么？

     A 交通条件　　**B** 社会发展　　**C** 环境保护　　**D** 生活水平

72. 爷爷每天晚上九点睡觉，早上五点起床。起来先喝一杯茶，再去公园打半个小时的太极拳，回来顺便把早饭买回来。

   ★ 爷爷的生活习惯是：

     A 早睡早起　　**B** 很少喝酒　　**C** 每天逛超市　　**D** 少吃多运动

73. 不幸的人总是喜欢回忆过去，想着过去发生的快乐的事。而幸福的人喜欢时刻抓紧现在，并对未来充满信心。

   ★ 相对于幸福的人，不幸的人：

     A 想着将来　　**B** 缺少信心　　**C** 常说对不起　　**D** 总回忆过去

74. 为了画好那座桥，他在那儿看了很久，却一笔没动。当他开始画时，让人惊讶的是，不到十分钟他就画好了，而且没有再抬头看一眼桥。

★ 他画画：

A 很有特点　　B 没有重点　　C 画得不好　　D 不画背景

75. 对于很多女性朋友来说，逛街购物是一种放松心情、减轻压力的好方法。尤其是当买到自己喜欢的东西时，那种愉快的感觉可以让她们暂时忘掉一些烦恼。

★ 这段话主要谈的是什么？

A 压力的作用　　B 人要有礼貌　　C 生活的经验　　D 购物的好处

76. 很多人都说一分钱一分货。但好的东西实际上也可以用很便宜的价钱买下来。比如，换季的时候，过季的衣服都开始打折，那时候买到的衣服不仅质量不错，而且价钱也便宜。

★ 质量好的东西怎么样？

A 太贵了　　B 常常打折　　C 价格很高　　D 有时很便宜

77. 西芹的营养很丰富。从"西"这个字我们可以知道，它最早不是产自中国，而是从西方来的。西芹也叫"西洋芹菜"，"洋"也说明它产自于西方。

★ 根据上文，西芹：

A 产量高　　B 是水果　　C 可以生吃　　D 产自西方

78. 对我来说，人生最幸福的事情就是有一个好的身体、有一个爱自己的和自己爱的人、有可爱的孩子、有一群朋友，现在我都拥有了。

★ 说话人的幸福不包括：

A 爱情　　B 家庭　　C 健康　　D 金钱

79. 大城市和小城市各有各的好处。大城市的工作机会确实多一些，但竞争压力
大；相反，在小城市生活就会轻松许多。

★ 大城市：

A 交通很方便　　**B** 污染很严重　　**C** 工作机会少　　**D** 生活压力大

80-81.

说话看起来不难，但是也不容易。急事，慢慢地说；大事，清楚地说；做不
到的事，尽量不说；伤害人的事，绝对不说；讨厌的事，只说事不说人；开心的
事，看情况说；伤心的事，不要见人就说；别人的事，不乱说；自己的事，先对
着自己说；现在的事，做了再说；将来的事，以后再说。

★ 遇到伤心的事：

A 跟父母说　　**B** 慢慢地说　　**C** 快点儿忘掉　　**D** 不要随便说

★ 根据上文，说话：

A 声音要大　　**B** 不如做事　　**C** 并不简单　　**D** 要仔细考虑

82-83.

我们的身边每天有各种各样的信息，比如电视广告、新闻广播、手机消息等
等。大量的信息里面，有我们想知道的，也有很多是我们不愿意知道的。这个时
候选择信息的方式就变得非常重要了。我们应该培养在有限的时间里，选出对自
己真正有用的信息的能力。

★ 上文没提到哪种获得信息的方法？

A 电视　　**B** 广播　　**C** 手机　　**D** 自然

★ 说话人觉得最重要的事情是：

A 选择信息　　**B** 多了解信息　　**C** 培养好习惯　　**D** 怎么安排时间

84–85.

有个年轻人问一位成功者怎样才能成功，成功者拿出来三块大小不同的蛋糕，对年轻人说："蛋糕的大小代表着成功的机率，你怎么选择?"年轻人想也没想就拿起了那块最大的，成功者则拿起了那块最小的开始吃。成功者很快就吃完了小的，然后一边拿起最后的一块，一边跟年轻人说："你看我吃得还是比你多吧。"年轻人恍然大悟，不要只看眼前的东西，那会让你失去得更多。

★ 成功者为什么要先吃小块的蛋糕?

A 很饱   B 不喜欢吃

C 为了吃第三块   D 把大的让给年轻人

★ 这个故事告诉了我们什么?

A 要学会诚实   B 人要有理想

C 别只看眼前   D 不要选择大的

三、书写

第一部分

第86-95题：完成句子。

例如：那座桥　　　　800年的　　　　　历史　　　　有　　　　　了

　　　　那座桥有800年的历史了。

86. 一份　　　　你还　　　　提供　　　　总结材料　　　　需要

87. 手表　　　　盒子　　　　里面　　　　一块儿　　　　有

88. 没有打针　　　好　　　吃药　　　效果

89. 出生　　　　是　　　　的　　　　我孙子　　　　去年冬天

90. 难道你　　　都　　　新闻　　　连这条　　　没听说

91. 学校　　　　出去　　　寄　　　了　　　通知书　　　把

92. 影响范围　　　大　　　特别　　　这次降雪的

93. 回答　　　请　　　从上到下的顺序　　　这些问题　　　按

94. 著名的　　　深受　　　那位　　　大家的喜爱　　　作家

95. 要求　　　对孩子的　　　他　　　严格　　　太

第二部分

第96-100题：看图，用词造句。

例如：　　　　　乒乓球　　她很喜欢打乒乓球。

96.　　　　　抽烟

97.　　　　　出差

98.　　　　　沙发

99.　　　　　困

100.　　　　　仔细

모의고사

준비 다 되셨나요?

1. 듣기 파일은 트랙 'TEST 09'입니다.

   (듣기 파일은 **맛있는북스 홈페이지**(www.booksJRC.com)에서 무료로 다운로드 할 수 있습니다.)

   미리 준비하지 않으셨다면 **QR코드**를 스캔해서 듣기 파일을 준비해 주세요.

2. **답안카드**는 본책 259쪽에 수록되어 있습니다. 한 장을 자른 후에 답을 기입하세요.

3. 2B연필, 지우개, 시계도 준비하셨나요? 2B연필은 두 개를 준비하면 더 좋습니다. 하나는 마킹용,

   다른 하나는 쓰기 영역을 풀 때 사용하세요.

时间就是金钱!

시간은 금이다!

汉语水平考试
HSK(四级)

注　意

一、HSK (四级) 分三部分：

    1.　听力 (45题，约30分钟)

    2.　阅读 (40题，40分钟)

    3.　书写 (15题，25分钟)

二、听力结束后，有5分钟填写答题卡。

三、全部考试约105分钟 (含考生填写个人信息时间5分钟)。

一、听 力

第一部分

第 1–10 题：判断对错。

例如：我想去办个信用卡，今天下午你有时间吗? 陪我去一趟银行?

  ★ 他打算下午去银行。   (√)

  现在我很少看电视，其中一个原因是，广告太多了，不管什么时间，也不管什么节目，只要你打开电视，总能看到那么多的广告，浪费我的时间。

  ★ 他喜欢看电视广告。   (×)

1. ★ 他毕业很多年了。   (   )

2. ★ 他找到了合适的房子。   (   )

3. ★ 他们要坐地铁。   (   )

4. ★ 司机在门口。   (   )

5. ★ 表格填写错了。   (   )

6. ★ 在他心里母亲是一位优秀的教师。 (   )

7. ★ 他刚下飞机。   (   )

8. ★ 第一印象不容易忘记。   (   )

9. ★ 孩子要少玩儿游戏。   (   )

10. ★ 小张的市场调查做得很好。   (   )

第二部分

第11-25题：请选出正确答案。

例如：女：该加油了，去机场的路上有加油站吗?

男：有，你放心吧。

问：男的主要是什么意思?

A 去机场   B 快到了   C 油是满的   D 有加油站 √

11. A 不太努力   B 办事认真   C 有责任心   D 能力太差

12. A 踢球   B 擦汗   C 送饮料   D 拿毛巾

13. A 开车   B 走路   C 坐出租车   D 坐公交车

14. A 演员   B 导游   C 教授   D 售货员

15. A 不适合   B 不好看   C 太小了   D 很漂亮

16. A 先走一走   B 下次继续   C 一会儿回来   D 再跑一会儿

17. A 听广播   B 看新闻   C 交朋友   D 多听多讲

18. A 昨晚有比赛   B 现在是半夜   C 工作很辛苦   D 周末没计划

19. A 帅的   B 有钱的   C 幽默的   D 性格好的

20. A 六块   B 十块   C 三块五   D 十四块五

21. **A** 足球没意思　　　**B** 想去看比赛　　　**C** 篮球更有趣　　　**D** 体育馆太远

22. **A** 在国外　　　　　**B** 准备出国　　　　**C** 材料不够　　　　**D** 去过大使馆

23. **A** 工作没做完　　　**B** 加班费很高　　　**C** 年底会议较多　　**D** 为了春节多放假

24. **A** 商场前边　　　　**B** 地铁出口　　　　**C** 书店入口　　　　**D** 学校门口

25. **A** 见面地点　　　　**B** 参观时间　　　　**C** 交通工具　　　　**D** 报名人数

第三部分

第26-45题：请选出正确答案。

例如：男：把这个材料复印5份，一会儿拿到会议室发给大家。

女：好的。会议是下午三点吗？

男：改了。三点半。推迟了半个小时。

女：好。602会议室没变吧？

男：对，没变。

问：会议几点开始？

A 两点　　　　　B 3点　　　　　C 3:30 √　　　　D 6点

26. A 很阴　　　　B 很凉快　　　C 十分热　　　D 要下雨了

27. A 朋友　　　　B 恋人　　　　C 同学　　　　D 夫妻

28. A 女的要洗衣服　B 女的吃完饭了　C 男的工作很忙　D 男的没打扫房间

29. A 宾馆　　　　B 餐厅　　　　C 咖啡厅　　　D 停车场

30. A 游泳　　　　B 出差　　　　C 开会　　　　D 讲课

31. A 5号　　　　B 15号　　　　C 25号　　　　D 10号

32. A 没打针　　　B 药没效果　　C 病得严重　　D 一直工作

33. A 要仔细　　　B 复习重点　　C 多做练习　　D 加快速度

34. A 很累　　　　B 困死了　　　C 有些感动　　　D 非常兴奋

35. **A** 耳机 **B** 眼镜 **C** 杂志 **D** 钱包

36. **A** 送图书 **B** 能打折 **C** 省时间 **D** 不用排队

37. **A** 经常加班 **B** 工作能力强 **C** 是一名作家 **D** 在理发店工作

38. **A** 困难 **B** 麻烦 **C** 有意思 **D** 有信心

39. **A** 坚持 **B** 看报 **C** 认真 **D** 多说

40. **A** 6个小时 **B** 8个小时 **C** 9个小时 **D** 10个小时

41. **A** 性别 **B** 年龄 **C** 身高 **D** 季节

42. **A** 不活泼 **B** 很热情 **C** 非常善良 **D** 对自己失望

43. **A** 考博士 **B** 发奖金 **C** 当老师 **D** 做生意

44. **A** 十分普遍 **B** 不太安全 **C** 需要密码 **D** 不容易建

45. **A** 支持 **B** 反对 **C** 怀疑 **D** 担心

二、阅 读

第一部分

第46-50题：选词填空。

A 肯定　　　　B 流行　　　　C 礼貌　　　　D 坚持　　　　E 食品　　　　F 回忆

例如：她每天都（　D　）走路上下班，所以身体一直很不错。

46. 20年前的这张照片使他（　　　　　　）起了爷爷、奶奶。

47. 我算了一下，一共来了50辆车，（　　　　　　）超过150人了。

48. 他女儿不但可爱，而且很懂（　　　　　　），所有的客人都喜欢她。

49. 这儿都是（　　　　　　），香皂、牙刷什么的生活用品都在那边。

50. 这条连衣裙最近很（　　　　　　），我也想去买一条。

第51-55题：选词填空。

A 主动　　　**B** 毕业　　　**C** 温度　　　**D** 份　　　**E** 安排　　　**F** 难道

例如：**A**：今天真冷啊，好像白天最高（　　**C**　　）才2℃。

　　　B：刚才电视里说明天更冷。

51. **A**：喜欢她的话就（　　　　　）一点儿，机会是不会自己跑到你面前的。

　　 B：我会去试试的，就算是被拒绝了，我也不后悔。

52. **A**：他最近怎么那么忙？已经很长时间没看见他了。

　　 B：他快大学（　　　　　）了，正着急写论文呢，整天呆在图书馆里。

53. **A**：张小姐，今天上午9点我们有个会议，请你给（　　　　　）一个会议室。

　　 B：好的，大概有多少人来开会？

54. **A**：你怎么还在睡觉？（　　　　　）你不上班吗？

　　 B：糟糕！现在几点了？你怎么不早点叫我？

55. **A**：你帮我把这个材料打印一下吧，要五（　　　　　）。

　　 B：办公室的打印机坏了，我去楼下打印，一会儿给您拿过去。

第二部分

第 56-65 题：排列顺序。

例如：**A** 可是今天起晚了

    B 平时我骑自行车上下班

    C 所以就打车来公司   <u>**B A C**</u>

56. **A** 我要带她去北京旅行

    B 等女儿放假了

    C 爬爬长城、吃吃烤鸭，好好儿玩儿几天   <u>　　　　</u>

57. **A** 做自己喜欢的事，即使再困难，也不会觉得很累

    B 即使再简单，也会觉得很辛苦

    C 相反，做自己不喜欢的事   <u>　　　　</u>

58. **A** 并且很多学生填的信息不够详细

    B 这次收回来的表格数量较少

    C 你还得发一次，让他们重新填   <u>　　　　</u>

59. **A** 秋冬季节皮肤经常会变得很干

    B 这是很多人的烦恼

    C 为了解决这个问题，我们最好要多喝水   <u>　　　　</u>

60. **A** 结果第二天就感冒了，又是流鼻涕，又是头晕

    B 所以在外面玩了很长时间

    C 我第一次见到这么大的雪 _____

61. **A** 甚至有人说幸福就是一种感觉，没有什么标准

    B 究竟什么是幸福

    C 每个人的答案都各不相同 _____

62. **A** 是来的人数最多的一次

    B 本次艺术节共吸引了3000多人参加

    C 中国电视艺术节于上周末在长沙举行 _____

63. **A** 现在突然改变主意

    B 她一定会失望的

    C 上次，你说女儿生日时，要陪她去看熊猫 _____

64. **A** 只有体会过人生的酸、甜、苦、辣之后

    B 然后变得更加成熟

    C 我们才能更清楚地了解自己 _____

65. **A** 而且还想引起人们对气候变暖问题的关注

    B "地球一小时"活动开始于2007年

    C 它不但是为了让人们节约用电 _____

第三部分

第66-85题：请选出正确答案。

例如：她很活泼，说话很有趣，总能给我们带来快乐，我们都很喜欢和她在一起。

★ 她是个什么样的人？

A 幽默 √ **B** 马虎 **C** 骄傲 **D** 害羞

66. 很多人觉得熟悉的地方没有风景，因为越是熟悉的地方，越是找不到新鲜感，你也就感受不到它的美。然而，生活中不缺少美，而是缺少一双发现美的眼睛。只要用心去观察，熟悉的地方也有很多美景。

★ 为什么有人觉得熟悉的地方没有风景？

A 不漂亮 **B** 不会思考 **C** 没有时间 **D** 缺少新鲜感

67. 教育孩子的时候应该少批评多鼓励。因为孩子受到表扬后，会产生自信，也会对学习更感兴趣，那样才更容易进步。

★ 应该怎么教育孩子？

A 鼓励孩子 **B** 报补习班 **C** 给他讲故事 **D** 少给他零钱

68. 在水果中，我最喜欢吃的就是苹果。因为苹果吃起来很方便，不想去皮的话，洗洗就可以吃了。而且有一句俗话说"一天吃一个苹果，医生远离我"。

★ 说话人觉得苹果：

A 不用洗 **B** 最好早上吃 **C** 对健康有好处 **D** 吃起来很麻烦

69. 遇到难题却一时无法解决时，大部分人脾气会变得很差。这个时候，我们首先需要冷静一下，找出问题出在哪里。其次，可以听听音乐、散散步，放松一下，让自己不要太紧张了。

    ★ 遇到困难时，我们首先应该做什么？

    A 多休息　　　B 停下工作　　　C 听音乐散步　　　D 找到问题的原因

70. 时间是无价的，一个人再怎么有钱，也买不到时间。知识忘了可以重新学，钱花光了可以再赚，可是时间过去了就永远回不来了。

    ★ 这段话主要想告诉我们：

    A 要懂得感谢　　B 不要浪费时间　　C 学会怎样花钱　　D 知识的重要性

71. 网络游戏是一个虚拟的世界，也就是说，是一个假的世界。可是越来越多的人每天花大量的时间玩网络游戏，甚至不吃不睡，影响学习、工作和正常的生活。

    ★ 根据上文，网络游戏：

    A 不吸引人　　B 不适合学生　　C 有很多好处　　D 影响人的生活

72. 这家超市专门出售餐具，用各种材料和多种颜色制成的碗盘，品种多样，价钱便宜。既可以自家使用，也可送亲朋好友，因此很多顾客前来购买。

    ★ 这家超市的餐具怎么样？

    A 价格较高　　B 质量一般　　C 免费送货　　D 很受欢迎

73. 现在流行在网上上传照片，很多人在网上发自己的生活照，写写文字。即使是很久不联系的朋友，看看他在网上的照片和信息，也就知道他最近有什么变化了。

    ★ 上传照片可以让朋友之间：

    A 感情更深　　B 增加了解　　C 减少交流　　D 互相帮助

74. 今天我一起床就看到客厅的桌子上放着一封信，收信人的名字是"妈妈"。信的第一句话是这样的：妈妈，祝您今天母亲节快乐。原来这是儿子写给我的。突然之间，我才发现儿子真的长大了、懂事了。

   ★ 根据上文，可以知道：

   A 信是丈夫写的　　**B** 儿子买了礼物　　**C** 儿子做错了事　　**D** 今天是母亲节

75. 不管做什么事情，只要努力去做了，那么结果一般都会不错。可是现在很多人都太重视结果，而给自己带来了很大的压力。

   ★ 关于结果，说话人是什么态度？

   A 忘记　　　　　**B** 很关键　　　　　**C** 值得研究　　　　**D** 别太重视

76. 周末我们去动物园玩儿，看到动物园里有很多可爱的小猴子，有很多人给猴子东西吃。我也想把我们自己带的饼干给小猴子吃，可是管理员不让。他告诉我们，只能喂这儿卖的东西，因为其他食物可能对小猴子不好。

   ★ 动物园的小猴子吃什么？

   A 管理员给的　　**B** 香蕉和苹果　　**C** 动物园卖的　　**D** 牛奶和饼干

77. 那里有很多蒙古族人，他们对人热情友好，不但请我们吃传统的蒙古食物，还教我们骑马、跳蒙古舞蹈，我们玩得非常开心。

   ★ 他们在那里干什么了？

   A 学骑马　　　　**B** 唱蒙古歌　　　　**C** 学民族语言　　　**D** 交很多朋友

78. 买了新房子以后，我想把原来的房子卖出去。但是奇怪的是，过了很长时间也没人给我打电话要买房子。最后我才知道，原来广告上的电话号码少写了一个数字。

   ★ 没人买房子的原因是什么？

   A 房价太贵　　**B** 条件不好　　　**C** 号码错了　　　**D** 交通不方便

79. 古代的黄河，河面很宽，水也非常清，那时它的名字并不叫黄河。可是后来由于环境破坏，大量的泥沙流入黄河，河水慢慢地就变了颜色。

★ 根据上文，黄河：

A 河面很窄　　B 风景很美　　C 颜色变了　　D 以前很深

80-81.

有一个人得了肥胖症，他去找医生寻找治疗方法。医生建议他每天跑8公里，跑一年就能减42公斤。一年后那个人打电话说："医生，我真的瘦下来了，但我离家有3000公里了，我应该怎么回家呢？"

★ 那个人为什么要跑步？

A 太胖了　　B 去旅游　　C 参加比赛　　D 喜欢运动

★ 他跑完之后出现了什么新问题？

A 太瘦了　　B 离家太远　　C 失去了工作　　D 影响了健康

82-83.

随着科技的发展，地球越变越小。以前寄一封信大约需要几个月的时间，可是现在我们发电子邮件，不管多远的距离，几秒钟就能收到。孩子离开父母去国外留学的时候，父母只要打个电话或者上网聊聊天，就能知道孩子的情况、看到孩子的样子。

★ 几秒钟就能收到邮件的原因是：

A 距离变近　　B 邮局很多　　C 交通很便利　　D 科学技术的发展

★ 根据上文，可以知道：

A 留学很普遍　　　　　B 手机发展快
C 联系变方便了　　　　D 很少人有写信

84-85.

有一位老人，他没有子女，身边也没有人照顾他，便决定把自己的房子卖出去，自己搬到养老院去。但他的房子非常贵，因而大家都不敢买。一个年轻人来到老人面前说："我好想买这个房子，可我只有1万块钱。如果您把房子卖给我，我保证会继续让您生活在这里，和我一起喝茶、读报、散步，天天都快快乐乐的!"老人微笑地答应了。

★ 关于那个房子，可以知道：

    A 价格高   B 非常大   C 有个花园   D 离养老院很远

★ 老人为什么把房子卖给年轻人?

    A 需要人陪   B 买的人少   C 时间不够了   D 年轻人很活泼

三、书 写

第一部分

第86–95题：完成句子。

例如：那座桥 　　　 800年的 　　　 历史 　　　 有 　　　 了

　　　<u>那座桥有800年的历史了。　　　　　　　</u>

86. 一只 　　　 这朵云 　　　 可爱的小猫 　　　 好像

87. 我羡慕 　　　 会讲 　　　 很 　　　 笑话的人

88. 调查 　　　 公司职员 　　　 进行了 　　　 在机场

89. 两倍 　　　 他的工资 　　　 是 　　　 我的

90. 父亲给 　　　 是 　　　 我的 　　　 这双皮鞋

91. 女主角 　　　 那部 　　　 电影的 　　　 很有名

92. 这些家具 　　　 吗 　　　 国家标准 　　　 符合

93. 放到 　　　 里 　　　 香蕉皮 　　　 塑料袋 　　　 把

94. 离不开 　　　 植物 　　　 太阳 　　　 都 　　　 所有的

95. 快要 　　　 这场 　　　 结束 　　　 羽毛球赛 　　　 了

第二部分

第96-100题：看图，用词造句。

例如：　　　　　　　　乒乓球　　她很喜欢打乒乓球。

96.　　　　　　　　打扮

97.　　　　　　　　日记

98.　　　　　　　　激动

99.　　　　　　　　流利

100.　　　　　　　　讨论

10회 모의고사

준비 다 되셨나요?

1. 듣기 파일은 트랙 'TEST 10'입니다.

   (듣기 파일은 **맛있는북스 홈페이지**(www.booksJRC.com)에서 무료로 다운로드 할 수 있습니다.)

   미리 준비하지 않으셨다면 **QR코드**를 스캔해서 듣기 파일을 준비해 주세요.

2. **답안카드**는 본책 259쪽에 수록되어 있습니다. 한 장을 자른 후에 답을 기입하세요.

3. 2B연필, 지우개, 시계도 준비하셨나요? 2B연필은 두 개를 준비하면 더 좋습니다. 하나는 마킹용,

   다른 하나는 쓰기 영역을 풀 때 사용하세요.

梦想成真!

꿈은 이루어진다!

汉语水平考试
HSK(四级)

注　意

一、HSK (四级) 分三部分：

    1.　听力 (45题，约30分钟)

    2.　阅读 (40题，40分钟)

    3.　书写 (15题，25分钟)

二、听力结束后，有5分钟填写答题卡。

三、全部考试约105分钟 (含考生填写个人信息时间5分钟)。

一、听力

第一部分

第1–10题：判断对错。

例如：我想去办个信用卡，今天下午你有时间吗? 陪我去一趟银行?

  ★ 他打算下午去银行。   (√)

  现在我很少看电视，其中一个原因是，广告太多了，不管什么时间，也不管什么节目，只要你打开电视，总能看到那么多的广告，浪费我的时间。

  ★ 他喜欢看电视广告。   (×)

1. ★ 工作让人又兴奋又难过。   (   )

2. ★ 他想让小王帮个忙。   (   )

3. ★ 开灯看电视影响健康。   (   )

4. ★ 马经理不在上海。   (   )

5. ★ 他的房子离上班的地方比较远。 (   )

6. ★ 他现在是医生。   (   )

7. ★ 不要直接拒绝别人的邀请。   (   )

8. ★ 中文广播很难听得懂。   (   )

9. ★ 儿子不喜欢猴子。   (   )

10. ★ 超市不再提供免费塑料袋。   (   )

第二部分

第11-25题：请选出正确答案。

例如：女：该加油了，去机场的路上有加油站吗？
　　　男：有，你放心吧。
　　　问：男的主要是什么意思？

　　　A 去机场　　　**B** 快到了　　　**C** 油是满的　　　**D** 有加油站 √

11. **A** 别吃早饭　　　**B** 注意休息　　　**C** 少吃多运动　　　**D** 减肥失败了

12. **A** 速度很慢　　　**B** 酒后开车　　　**C** 要迟到了　　　**D** 开得不太好

13. **A** 生病了　　　**B** 工作很忙　　　**C** 需要打针　　　**D** 心情不好

14. **A** 陪女的去　　　**B** 朋友很多　　　**C** 好好儿打扮　　　**D** 穿什么不重要

15. **A** 空气太干　　　**B** 空调坏了　　　**C** 不想爬山　　　**D** 天气很热

16. **A** 机场　　　**B** 体育馆　　　**C** 火车站　　　**D** 电影院

17. **A** 明早再说　　　**B** 不如早睡　　　**C** 照片太多了　　　**D** 必须想出来

18. **A** 很难　　　**B** 很厚　　　**C** 无聊　　　**D** 太贵

19. **A** 早点回家　　　**B** 少玩游戏　　　**C** 准时起床　　　**D** 按时吃早饭

20. **A** 父亲　　　**B** 导游　　　**C** 老师　　　**D** 售货员

21. **A** 上午10点半　　**B** 晚上8点40分　　**C** 早上8点40分　　**D** 早上7点40分

22. **A** 去医院了　　**B** 在踢足球　　**C** 腿受伤了　　**D** 跑得太快

23. **A** 做家务　　**B** 做蛋糕　　**C** 搬饮料　　**D** 整理文件

24. **A** 菜不贵　　**B** 距离很远　　**C** 菜味道一般　　**D** 开了很长时间

25. **A** 餐厅旁边　　**B** 火车站里　　**C** 附近没有　　**D** 马路对面

第三部分

第26-45题：请选出正确答案。

例如：男：把这个材料复印5份，一会儿拿到会议室发给大家。
　　　女：好的。会议是下午三点吗？
　　　男：改了。三点半。推迟了半个小时。
　　　女：好。602会议室没变吧？
　　　男：对，没变。
　　　问：会议几点开始？

　　　A 两点　　　　　**B** 3点　　　　　**C** 3:30 √　　　　**D** 6点

26.　**A** 酒店　　　　　**B** 厕所　　　　　**C** 回家　　　　　**D** 停车场

27.　**A** 没希望　　　　**B** 时间长　　　　**C** 问题难　　　　**D** 很顺利

28.　**A** 孙子喜欢橘子　**B** 奶奶经常散步　**C** 奶奶年纪很大　**D** 孙子作业没写完

29.　**A** 经理　　　　　**B** 邻居　　　　　**C** 老师　　　　　**D** 亲戚

30.　**A** 写总结　　　　**B** 交报告　　　　**C** 开会讨论　　　**D** 整理材料

31.　**A** 入口　　　　　**B** 二楼　　　　　**C** 电梯前　　　　**D** 售票处

32.　**A** 认真　　　　　**B** 诚实　　　　　**C** 幸福　　　　　**D** 漂亮

33.　**A** 是硕士　　　　**B** 想留学　　　　**C** 要去上海　　　**D** 打算读研

34.　**A** 干净不干净　　**B** 黄河的长度　　**C** 黄河的历史　　**D** 经过的省市

35. **A** 考试场地 **B** 周围环境 **C** 参会人数 **D** 考试时间

36. **A** 幸福 **B** 机会 **C** 新想法 **D** 好心情

37. **A** 音乐的缺点 **B** 音乐的影响 **C** 怎么选择音乐 **D** 音乐与工作

38. **A** 性别 **B** 性格 **C** 年龄 **D** 成绩

39. **A** 运动影响健康 **B** 不要批评孩子 **C** 怎样教育孩子 **D** 表扬的重要性

40. **A** 找房子 **B** 去长城 **C** 去森林公园 **D** 去机场接人

41. **A** 距离远 **B** 雪太大了 **C** 下大雨了 **D** 身体不舒服

42. **A** 后悔 **B** 得意 **C** 感动 **D** 紧张

43. **A** 坚持 **B** 勇敢 **C** 做事的能力 **D** 失败的经验

44. **A** 为了漂亮 **B** 鼓励自己 **C** 增加自信 **D** 吸引注意

45. **A** 朋友很聪明 **B** 她变有名了 **C** 她接受了建议 **D** 朋友祝贺了她

二、阅 读

第一部分

第46-50题：选词填空。

    A 举办   **B** 推迟   **C** 及时   **D** 坚持   **E** 烦恼   **F** 粗心

例如：她每天都（   **D**   ）走路上下班，所以身体一直很不错。

46. 这场音乐会（   ）得非常成功，吸引了很多年轻的观众。

47. 每个人都会有自己的（   ），但是每个人对待它的态度都不一样。

48. 这次任务非常重要，如果遇到什么问题，要（   ）跟我联系。

49. 无论做什么事情，都要认真、仔细，别太（   ）。

50. 受天气的影响，这次航班不得不（   ）了起飞的时间。

第51–55题：选词填空。

A 最好　　　　B 厉害　　　　C 温度　　　　D 页　　　　E 来不及　　　　F 收拾

例如：A：今天真冷啊，好像白天最高（　　C　　）才2℃。

　　　　B：刚才电视里说明天更冷。

51. A：你为什么不开车上班?

　　　B：上下班的时候，汽车非常多，堵车堵得很（　　　　　）。

52. A：咱们把床往墙那儿搬一下。

　　　B：咱们俩根本搬不动，（　　　　　）等你爸回来再弄吧。

53. A：这个地方真大啊，我们再去那儿逛逛吧。

　　　B：恐怕（　　　　　）了，这儿马上就要到关门的时间了。

54. A：大家都走了，你怎么还在工作呢? 今天要加班吗?

　　　B：不，刚把报告提交上去，正在（　　　　　）桌子上的东西呢。

55. A：你论文写得顺利吗? 张教授希望你尽快写完。

　　　B：别提了，才写了十几（　　　　　），估计到下个月才能写完一半。

第二部分

第56–65题：排列顺序。

例如：A 可是今天起晚了

B 平时我骑自行车上下班

C 所以就打车来公司　　　　　　　　　　　　 <u>B A C</u>

56. A 这儿的工资虽然比不上别的地方

B 但是年底给的奖金却很多

C 所以总的来说还不错　　　　　　　　　　　 _____

57. A 就很可能会梦到什么情况

B 例如：脚冷时，就可能会梦见在雪地里走

C 人在睡觉时，要是身体感觉到什么　　　　　 _____

58. A 二来环境保护得也很好

B 一来小城四季的风景都很美

C 所以每年都吸引着成千上万的游客去那儿旅游　 _____

59. A 很多人认为只有生病了才应该去医院

B 也应该定期去医院检查身体

C 我却觉得没有病的时候　　　　　　　　　　 _____

60. A 现在人们每天都通过互联网联系

　　B 人与人沟通的方式变得越来越多样

　　C 从前只靠写信或者打电话

61. A 也能让他们感受到父母的爱

　　B 即使只是陪他们聊聊天，看看电视

　　C 工作忙的父母应该多拿出些时间陪陪自己的孩子

62. A 可时间不要太长，最好在一个小时到两个小时之间

　　B 一般来说，感到稍微出汗的时候就可以了

　　C 散步可以减轻人的压力，让人变得轻松起来

63. A 放弃并不是表示认输，而是表示新的开始

　　B 因此为了获得更多的东西

　　C 应该先放弃一些不太重要的

64. A 就像照镜子一样

　　B 尊重别人的人，同样也会得到别人的尊重

　　C 你对里面的人礼貌，同样他也礼貌对你

65. A 它通过两个年轻人的爱情故事

　　B 反映了当时的社会问题

　　C 《红楼梦》是中国的四大名著之一

第三部分

第66-85题：请选出正确答案。

例如：她很活泼，说话很有趣，总能给我们带来快乐，我们都很喜欢和她在一起。

　　★ 她是个什么样的人？

　　A 幽默 √　　　　B 马虎　　　　C 骄傲　　　　D 害羞

66. 阅读时，遇到不懂的词，可以先根据上下文来猜它的意思，不要一遇到难词就去查词典。实在猜不出，再去查词典，这样才能提高我们的阅读水平。

　　★ 遇到不懂的词语，最好先：

　　A 上网查　　　B 查词典　　　C 猜词意　　　D 问老师

67. 为了吸引大家的注意，他故意提高音量。果然，所有的人都放下手上的工作，仔细听他讲。

　　★ 为了引起大家注意，他：

　　A 拍手　　　B 大声说话　　　C 唱起歌来　　　D 穿得很正式

68. 我是个营业员，整天站着上班，小腿自然很粗。我正为这个问题烦恼，今天我在杂志上发现减肥是可以瘦全身的，只要努力减肥，小腿也会跟着瘦下来的。

　　★ 根据上文，说话人：

　　A 工作很累　　B 没有烦恼　　C 想瘦小腿　　　D 在图书馆上班

69. 儿子对邻居家的小孩说，长大以后，一定要做一些现在不能做的事情。比如说一个人吃完整个蛋糕，玩儿一晚上的游戏，每天都不洗澡等等。

    ★ 关于儿子，可以知道什么？

    A 很善良　　　　**B** 已经长大　　　　**C** 不爱洗澡　　　　**D** 能照顾小孩

70. 中国有56个民族，跟汉族比起来，其他民族的人数相对较少，习惯上被叫做"少数民族"。每个民族都有不同的习惯和文化，而且许多民族也有自己的语言和文字。

    ★ 根据上文，中国少数民族：

    A 习惯差不多　　**B** 都会说汉语　　**C** 普遍住在南方　　**D** 有不同的文化

71. 道歉不只是一句简单的"对不起"，而是要让对方觉得你是在真心地道歉，这样才可能真正得到别人的原谅。

    ★ 怎样才能得到别人的原谅？

    A 认真解释　　　　**B** 说"对不起"　　**C** 保证不再做错　　**D** 要真心地道歉

72. 这个杂志内容比较精彩，里面的图片也很不错，只是价钱比较贵。通过调查，我们发现，许多读者因为价钱的原因而放弃了它。

    ★ 这个杂志：

    A 便宜　　　　　　**B** 有缺点　　　　**C** 内容不好　　　　**D** 图画一般

73. 小组讨论教学，首先能让学生更容易掌握知识，其次能提供一种主动的学习环境。只有在这样的环境下，学生才能敢想、敢说、敢做、敢怀疑。

    ★ 小组讨论教学使学生：

    A 感到轻松　　　　**B** 更有信心　　　**C** 重视知识　　　　**D** 快速记忆

74. 校长在植树活动上说："今天的活动不只是为了种树，更重要的是让大家看看破坏环境、污染自然带来的问题，希望大家能爱护我们的环境。"

　　★ 通过这次活动，校长希望大家：

　　　　A 爱护动物　　　　**B** 忘记过去　　　　**C** 互相帮助　　　　**D** 重视环保

75. 8月8日晚上，我在食堂丢失了一个黑色的钱包，里面有我的信用卡、打折卡，对我来说非常重要，如有人捡到，请与我联系，非常感谢。

　　★ 写这段话的目的是：

　　　　A 找钱包　　　　**B** 联系朋友　　　　**C** 办信用卡　　　　**D** 介绍自己

76. 人们常说"机会只留给有准备的人"，这句话虽然不假，然而光有准备是不够的，还要主动去找机会，因为机会永远都不是等来的。

　　★ 这段话告诉我们应该：

　　　　A 按规定办事　　　**B** 让自己更轻松　　**C** 别受习惯影响　　**D** 主动去找机会

77. 看书有两种不好的方法，值得我们关注。第一就是看什么信什么，第二是信什么看什么。第一种方法不能使我们养成边看边想的习惯，第二种方法使人们的知识面变窄。

　　★ 根据上文，应该怎么看书？

　　　　A 边看边写　　　　**B** 相信书本　　　　**C** 边看边思考　　　　**D** 提高阅读速度

78. 我最近买了新车，刚开始还很高兴。但是现在却后悔买车了，因为去哪儿都为停车的问题头疼。有时候找半天都找不到停车的地方。

　　★ 他为什么后悔买车？

　　　　A 停车太难　　　　**B** 很少开车　　　　**C** 开车头疼　　　　**D** 汽油太贵

79. 很多人都害怕与身边的人比较，因为比较会让人感到有压力。但换一种角度来看，通过比较可以发现自己的优点、缺点，可以使自己继续进步。

★ 比较的好处是：

A 增加压力　　　B 获得新生　　　C 放松自己　　　D 更了解自己

80-81.

幽默是一种令人羡慕的能力。有这种能力的人能让别人感到愉快，让人想去亲近。再无聊的事，经过他们的嘴，也都有可能变成笑话，甚至让人笑得肚子疼。虽然幽默这种能力不能让人变得更漂亮、身材更好，但是一个有幽默感的人，无论走到哪里，都会给别人带来快乐，所以总是很<u>吃香</u>。

★ 根据上文，下列哪个不是幽默的人的特点？

A 让人愉快　　　B 长得漂亮　　　C 很会讲笑话　　　D 给人带来快乐

★ 上文画线词语"吃香"的意思可能是：

A 受欢迎　　　B 长得胖　　　C 表扬别人　　　D 工作认真

82-83.

社会中人与人的关系非常重要，而你选择的朋友也许会影响你的生活。如果你的朋友都是一些积极的人，那么你的性格也会阳光向上。如果你的朋友经常批评别人、抱怨生活，时间久了，你同样会被影响的。因此，我们要注意选择跟什么人交朋友。

★ 根据上文，积极的朋友：

A 朋友很多　　　　　　　　B 不会骄傲
C 总批评别人　　　　　　　D 让人变得阳光

★ 上文主要谈的是：

A 不要打扰别人　　　　　　B 学会礼貌对人
C 人与社会的关系　　　　　D 选择朋友很重要

84–85.

　　有两个兄弟各自带着一个重重的行李箱出门。刚开始兄弟俩拿着行李走，但是行李太重，走一会儿就出了一身汗，累得简直走不动了。兄弟俩只好左手累了换右手，右手累了又换左手。忽然，大哥停了下来，在路边捡了一根树枝，将两个行李箱一左一右挂在树枝上。他们挑起两个箱子上路，反倒觉得轻松了很多。

　　★ 大哥怎么忽然停下来了？

　　　　A 想扔行李　　　**B** 想休息一下　　　**C** 想出了好主意　　**D** 觉得东西太重

　　★ 这个故事告诉我们：

　　　　A 要学会合作　　　**B** 坚持不放弃　　　**C** 经验来自生活　　**D** 分享的重要性

三、书 写

第一部分

第86-95题：完成句子。

例如：那座桥　　　　800年的　　　　历史　　　　有　　　　了

　　　　那座桥有800年的历史了。

86. 得　　　那个演员　　　睡不着觉　　　激动

87. 公共汽车的数量　　　增加　　　决定　　　这座城市

88. 反对的　　　知道他　　　原因　　　没有人

89. 不能　　　10人　　　低于　　　报名人数

90. 就是　　　最重要的条件　　　一个合格的律师　　　要有责任感

91. 继续　　　真　　　天气　　　暖和下去　　　希望

92. 邻居的吵闹声　　　他　　　了　　　被　　　惊醒

93. 比　　　前年　　　参观的人数　　　增长了　　　百分之三十

94. 我　　　已经　　　这里的生活　　　适应了　　　渐渐

95. 确实　　　很感动　　　张教授　　　他的信　　　让

第二部分

第96-100题：看图，用词造句。

例如：　　　　乒乓球　　她很喜欢打乒乓球。
_____

96.　　　　　密码

97.　　　　　理发

98.　　　　　护士

99.　　　　　传真

100.　　　　失望

정답

녹음 대본

정답

듣기

1. √	2. √	3. √	4. X	5. X	6. √	7. X	8. X	9. √	10. X
11. C	12. C	13. C	14. D	15. B	16. D	17. B	18. D	19. C	20. A
21. A	22. D	23. D	24. A	25. C	26. B	27. D	28. B	29. A	30. B
31. D	32. A	33. C	34. B	35. B	36. B	37. D	38. A	39. B	40. B
41. A	42. A	43. B	44. D	45. B					

독해

46. B	47. A	48. C	49. F	50. E	51. E	52. A	53. F	54. D	55. B
56. BAC		57. ACB		58. ACB		59. CAB		60. BCA	
61. CBA		62. ABC		63. CAB		64. ABC		65. BCA	
66. D	67. C	68. B	69. A	70. A	71. B	72. D	73. C	74. B	75. C
76. D	77. D	78. A	79. B	80. B	81. C	82. C	83. D	84. A	85. B

쓰기

86. 这座桥大概有30米高。

87. 他无法让自己冷静下来。

88. 警察给那个小朋友写了一封表扬信。

89. 打折活动已经进行了十多天。

90. 李护士是个非常幽默的人。

91. 你出去运动的时候顺便把垃圾扔了。

92. 那个消息来得十分突然。

93. 儿子坚持认为自己的答案是对的。

94. 难道你当时不吃惊吗?

95. 弟弟出生的那天下了一场大雪。

96. 妈妈把我的衣服挂起来了。/ 他把衣服挂得很整齐。

97. 姐姐一边照镜子一边化妆。/ 姐姐觉得镜子里的自己很漂亮。

98. 这家花店卖的花很香。/ 她每天生活在花香中。

99. 那双白色的鞋很适合她。/ 这些鞋没有一双适合她。

100. 妹妹的小狗不见了, 她很难过。/ 妹妹被妈妈批评了, 她很难过。

01회 녹음 대본

(音乐，30秒，渐弱)

大家好！欢迎参加HSK(四级)考试。
大家好！欢迎参加HSK(四级)考试。
大家好！欢迎参加HSK(四级)考试。

HSK(四级)听力考试分三部分，共45题。
请大家注意，听力考试现在开始。

第一部分

一共10个题，每题听一次。

例如：我想去办个信用卡，今天下午你有
时间吗？陪我去一趟银行？

　　★ 他打算下午去银行。

　　现在我很少看电视，其中一个原因是，
广告太多了，不管什么时间，也不管什么节
目，只要你打开电视，总能看到那么多的广
告，浪费我的时间。

　　★ 他喜欢看电视广告。

现在开始第1题：

1. 孙子数学又考了第一名，他奶奶总说他
🎧 聪明，我倒觉得这都是孙子努力的结
1-01 果。

　　★ 孙子数学成绩不差。

2. 俗话说"一场秋雨一场寒"，今天这场秋
🎧 雨过后，估计天气要越来越冷了。
1-02

　　★ 秋雨过后会降温。

3. 这场音乐会真是太精彩了，希望以后还
🎧 能经常举办这样的演出，一定会大受欢
1-03 迎的。

　　★ 那场音乐会很成功。

4. 这是我最喜欢的杂志，我已经读了好几
🎧 年了。它是半月刊，每月1号和15号各
1-04 出一本。

　　★ 那本杂志每两个月出一本。

5. 妈妈，您的手机响了，是你们单位的
🎧 张阿姨打过来的，我把手机给你拿过去
1-05 吧。

　　★ 妈妈想给张阿姨打电话。

6. 弟弟爱踢足球，可是上周踢球时伤了胳
🎧 膊，不能运动。于是他天天躺在家里看
1-06 足球比赛。

　　★ 弟弟现在无法踢足球。

7. 这次活动本来是由小李负责的，但是他
🎧 突然生病住院了，所以经理让我负责这
1-07 次活动。

　　★ 那个活动被取消了。

8. 世界上大约有200个国家，有的国家有
🎧 两个、甚至三个首都，而有的国家却没
1-08 有定首都是哪里。

　　★ 一个国家只能有一个首都。

9. 非常感谢你们网站为我们年轻作家提供
1-09 了这么好的交流机会，这对我们以后的
写作有很大的帮助。

   ★ 他很感谢那个网站。

10. 我曾经丢过一次钥匙，当时找人花了很
1-10 长时间才把房门打开，后来我就在办公
室里放了一把备用钥匙。

   ★ 他没有丢过钥匙。

第二部分

一共 15 个题，每题听一次。

例如：女：该加油了，去机场的路上有加
　　　　油站吗?
　　　男：有，你放心吧。
　　　问：男的主要是什么意思?

现在开始第 11 题:

11. 男：听说你要去国外负责管理分公司，
1-11 　　什么时候回来?
　　女：我在那儿工作半年，春节前回来。
　　问：女的要在国外工作多长时间?

12. 女：我的网店做好了，你帮我提点儿意
1-12 　　见吧。
　　男：你把网址发给我，我仔细看一下。
　　问：女的希望男的做什么?

13. 男：您好，这是您的葡萄汁，请慢用。
1-13 女：不好意思，我点的是苹果汁，不是
　　葡萄汁。
　　问：女的要喝什么?

14. 女：我不小心把儿子的出生证明弄丢
1-14 　　了，怎么办?
　　男：怎么会呢? 你再好好儿找找。
　　问：什么东西不见了?

15. 男：听说你体育课选了羽毛球，你不是
1-15 　　想学网球的吗?
　　女：选网球课的人太多了，我没报上。
　　问：女的为什么没选网球课?

16. 女：你不是在准备考研究生吗? 怎么没
1-16 　　去图书馆学习?
　　男：我放弃考试了，因为我已经找到了
　　一份比较满意的工作。
　　问：关于男的，可以知道什么?

17. 男：你平常都会提前半个小时来，今天
1-17 　　怎么来晚了?
　　女：我儿子昨天晚上一直咳嗽，刚带他
　　去了趟医院。
　　问：女的怎么了?

18. 女：你的头发看起来有点儿乱，应该去
1-18 　　理一理。
　　男：我知道了，吃完饭我就去。
　　问：男的一会儿要去哪儿?

19. 男：你刚才去哪儿了? 怎么满头大汗
1-19 　　的?
　　女：你先别问那么多，给我拿瓶矿泉
　　水，我要渴死了。
　　问：女的让男的拿什么?

20. 女：小刘，一会儿合作公司会发一份传
1-20　　真，你先收一下，然后送到经理办
　　　公室。
　　男：好的，我知道了。
　　问：男的应该先做什么？

21. 男：李教授会参加这次的活动吧？
1-21　女：我给他发短信了，但是还没收到回
　　　信。
　　问：关于女的，可以知道什么？

22. 女：请问，我买的东西什么时候能到？
1-22　男：平常三天就能到，不过现在是"双
　　　十一"期间，买东西的人太多，估
　　　计一个星期以后吧。
　　问：东西为什么会晚到？

23. 男：我的申请书为什么没通过？
1-23　女：你还缺少一些材料，需要补交一
　　　下。
　　问：男的还要做什么？

24. 女：先生，如果用手机付款的话会打九
1-24　　折。
　　男：真的吗？那我用微信付款吧。
　　问：男的正在做什么？

25. 男：您拿得动吗？要不我帮你抬上去
1-25　　吧。
　　女：真是麻烦了，谢谢你，小伙子。
　　问：关于女的，下列哪个正确？

第三部分

一共 20 个题，每题听一次。

例如：男：把这个材料复印五份，一会儿
　　　　拿到会议室发给大家。
　　　女：好的。会议是下午三点吗？
　　　男：改了。三点半。推迟了半个小
　　　　时。
　　　女：好。602会议室没变吧？
　　　男：对，没变。
　　　问：会议几点开始？

现在开始第 26 题：

26. 女：请问这附近有免费停车的地方吗？
1-26　男：没有。
　　女：我刚从那儿过来，他们说这边有。
　　男：这儿原来可以免费停车，现在改成
　　　收费的了。
　　问：女的在找什么？

27. 男：我们坐在这儿怎么样？
1-27　女：这儿离黑板有点儿远，我怕看不
　　　清。
　　男：那我们换到第二排吧。
　　女：好的，下次上课我一定把眼镜带
　　　来。
　　问：他们为什么要换到第二排？

28. 女：你看到那个正在等电梯的人了吗？
1-28　男：看到了，他就是你说的王律师？
　　女：对，他不但长得帅，而且特别有能
　　　力。
　　男：帅不帅我不知道，个子倒挺高。
　　问：他们在讨论谁？

29. 男：我忘把牙刷、牙膏装上了。
　　女：酒店不是提供这些吗?
　　男：我不太愿意用酒店提供的，而且都是一次性的，不环保。
　　女：那你去超市买吧。
　　问：男的为什么不用酒店提供的牙刷?

30. 女：你的腿怎么出血了?
　　男：刚才搬家具的时候，不小心擦破了皮。
　　女：没事儿吧? 要不要去医院看看?
　　男：没关系，洗干净以后上点儿药就行了。
　　问：男的刚才干什么了?

31. 男：听说熊猫以前很厉害，可是现在为什么这么可爱?
　　女：可能为了要更多的竹子吃吧。
　　男：你说得好像很有道理。
　　女：别一直看熊猫了，我们去那边看看大象吧。
　　问：他们最可能在哪儿?

32. 女：你最近怎么天天加班?
　　男：马上就到年底了，不加班完成不了任务。
　　女：真辛苦。你继续加油，我先走了。
　　男：你走吧，明天见。
　　问：男的为什么加班?

33. 男：马阿姨，能麻烦您帮个忙吗?
　　女：什么事儿? 你说。
　　男：我过两天要出差，能把小狗放你家几天吗?
　　女：当然没问题，我特别喜欢你的小黑狗。
　　问：男的让女的做什么?

34. 女：你今天怎么这么没精神?
　　男：昨天晚上没睡好觉，现在太困了。
　　女：我正好要去买咖啡，帮你买一杯?
　　男：太谢谢你了，给我买一杯冰咖啡吧。
　　问：关于男的，下列哪个正确?

35. 男：不好意思，您要的这个颜色没有小号的了。
　　女：什么时候能有货?
　　男：大概一个礼拜以后能到货。要不您留一下联系方式，到时候我们通知您。
　　女：太谢谢你了。
　　问：男的最可能做什么工作?

第 36 到 37 题是根据下面一段话:

　　你知道吗? 这个世界上不只人有自己的语言，大自然也有它们的语言，而且到处都有。你只要仔细观察，就会发现。例如，鱼儿跳出水面，是在提醒我们要下雨了；而白云高高在上，说明明天是晴天。

36. 白云高高在上说明什么?

37. 这段话主要谈的是什么?

第 38 到 39 题是根据下面一段话:

1-39

何强在一个旅游购物中心开了一家无人超市，超市里没有售货员，顾客要自己选东西、自己结账。一年下来，何强的无人超市生意越来越好，而且从来没有丢过货。何强说，他打算再开一家无人超市。

38. 何强为什么还要开一家无人超市?

1-40

39. 关于何强的无人超市，下列哪个正确?

1-41

第 40 到 41 题是根据下面一段话:

1-42

一个小男孩儿生病了，需要打针。医生为了不让孩子太紧张，就跟他聊起天来，说:"我小时候也常生病，但是我现在非常健康，而且还能给别人看病，所以说生病一点儿也不可怕，打一针或者吃点儿药就好了。"小男孩儿听后问:"那能不能把给你看病的那位医生介绍给我呢?"

40. 医生为什么跟那个小男孩儿聊起天来?

1-43

41. 那个小男孩儿是什么意思?

1-44

第 42 到 43 题是根据下面一段话:

1-45

同学们，大家好! 在正式上课之前，我想打扰大家几分钟。我们社团正在做"食堂满意度"调查，请大家帮忙填一下这张表。如果大家还有什么建议，也可以在最下面空白的地方写出来，希望在我们的共同努力下，学校食堂会越来越好。

42. 说话人希望同学们做什么?

1-46

43. 根据这段话，这次调查的目的是什么?

1-47

第 44 到 45 题是根据下面一段话:

1-48

很多人认为学习语言最重要的是"听"和"说"，认为只要能听得懂、说明白就可以了。但是我认为并不是这样。我觉得语法也是非常重要的。只有把语法学好了，才能弄明白一门语言，从而更准确地使用这门语言。

44. 关于"听"和"说"很重要，说话人是什么态度?

1-49

45. 说话人觉得学习语言什么很重要?

1-50

听力考试现在结束。

정답

듣기

1. X	2. √	3. X	4. √	5. X	6. √	7. X	8. √	9. X	10. √
11. A	12. B	13. B	14. C	15. B	16. A	17. A	18. B	19. A	20. C
21. D	22. B	23. B	24. A	25. A	26. D	27. D	28. A	29. B	30. C
31. D	32. C	33. D	34. D	35. A	36. C	37. B	38. A	39. C	40. D
41. B	42. B	43. D	44. A	45. B					

독해

46. A	47. C	48. E	49. F	50. B	51. B	52. D	53. A	54. F	55. E
56. BAC		57. ACB		58. CAB		59. CAB		60. BCA	
61. BAC		62. BAC		63. ACB		64. ABC		65. CAB	
66. D	67. C	68. B	69. C	70. A	71. B	72. B	73. C	74. D	75. C
76. A	77. D	78. B	79. B	80. D	81. D	82. B	83. C	84. B	85. C

쓰기

86. 树上的花已经都掉了。
87. 他们对这个研究结果表示怀疑。
88. 这碗鱼汤特别咸。
89. 爸爸的咳嗽是由抽烟引起的。
90. 你的态度让我很伤心。
91. 你再也不相信他的任何解释了吗?
92. 老师把这些数字的顺序打乱了。
93. 小明给大家留下了很深的印象。
94. 她从5岁开始学习唱京剧。
95. 我们共同经历了很多难忘的事。
96. 他的钱包里有很多现金。/ 他去银行取了很多现金。
97. 她无聊的时候喜欢看书。/ 朋友说这本书很无聊, 但是她觉得很有意思。
98. 现在出发还来得及。/ 即使走着去公司也来得及。
99. 他们正在商量谁去出差。/ 他们商量了很长时间, 可是还没有结果。
100. 山上有一棵大树。/ 这棵树长得非常高。

02회

모의고사

녹음 대본

(音乐，30秒，渐弱)

大家好！欢迎参加HSK (四级) 考试。
大家好！欢迎参加HSK (四级) 考试。
大家好！欢迎参加HSK (四级) 考试。

HSK (四级) 听力考试分三部分，共45题。
请大家注意，听力考试现在开始。

第一部分

一共 10 个题，每题听一次。

例如：我想去办个信用卡，今天下午你有时间吗？陪我去一趟银行？

★ 他打算下午去银行。

现在我很少看电视，其中一个原因是，广告太多了，不管什么时间，也不管什么节目，只要你打开电视，总能看到那么多的广告，浪费我的时间。

★ 他喜欢看电视广告。

现在开始第 1 题：

1. 办公室的空调坏了，小张已经打电话找师傅来修了。如果太热的话，先把电风扇打开吧。

★ 空调已经修好了。

2. 李医生去国外参加研讨会了，大概这个周末回来。您留个电话，等他一回来，我就通知您。

★ 李医生还没有回来。

3. 世界上有很多种职业，每个职业都值得人骄傲、受人尊重。我的理想是成为一名普通的老师。

★ 他想当一名律师。

4. 我昨天看了一本书，那本书主要讲了动物们的感情故事。即使是刚出生的小羊，也懂得爱自己的妈妈。

★ 那本书是关于动物的。

5. 去往北京的旅客请注意，您乘坐的南方航空CZ3101航班马上就要起飞了，请您拿好登机牌到23号登机口登机。

★ 飞机就要降落了。

6. 这次比赛我们虽然输了，但是在比赛过程中，每个人都付出了自己最大的努力，所以我们并不后悔，也不觉得可惜。

★ 他们对比赛并不失望。

7. 我知道大家现在已经没力气了，但是离我们的目的地只有3公里了，希望大家坚持住。

★ 他希望大家放弃。

8. 运动最好不要在睡前做，因为运动会让人变得兴奋，睡不着觉，甚至可能会影响到第二天的精神状态。

★ 睡觉前最好不要做运动。

9. 最近人们大都通过网络联系，很少有人发短信了。我的短信箱里的短信，除了通信公司就是银行发来的。

★ 没有人发手机短信了。

10. 这个国庆节本来打算去爬长城的，但听朋友说现在那儿每天都有很多人，最好不要去，所以我想等假期过后再去。

★ 他打算假期结束后爬长城。

第二部分

一共 15 个题，每题听一次。

例如：女：该加油了，去机场的路上有加油站吗？

男：有，你放心吧。

问：男的主要是什么意思？

现在开始第 11 题：

11. 男：这份材料少了几页，你再重新打印一份给我。

女：好的，我马上就弄。

问：那份材料怎么了？

12. 女：同学，你能借我一支铅笔吗？

男：不好意思，我也只有一支，你问问老师有没有吧。

问：女的想借什么？

13. 男：你看天气预报了吗？ 明天天气怎么样？

女：明天气温下降，而且会刮大风。

问：明天的天气怎么样？

14. 女：把窗户关上吧，外面太吵了，我无法集中工作。

男：好的。可是外边是在举办什么活动吗？

问：男的接下来可能会做什么？

15. 男：你好，请问，中国大使馆怎么走？

女：你看到那个百货商店了吗？ 你先一直往那儿走，到了那儿再过马路。

问：男的想去哪儿？

16. 女：咱们明天早上七点半在酒店门口见面怎么样？

男：能稍微晚一点儿吗？ 我得收拾行李，还要吃早饭，恐怕来不及。

问：男的希望怎么样？

17. 男：祝贺你的小说获得这次比赛的第一名，你有什么想说的吗？

女：首先我要感谢一直以来支持我的人，没有你们，我不会坚持写完的。

问：关于女的，可以知道什么？

18. 女：你去参加星期三下午的招聘会吗？

男：当然去，听说有很多大公司来，我要多准备几份简历。

问：招聘会什么时候举行？

19. 男：你怎么一直咳嗽？ 吃药了吗？

女：我一感冒就咳嗽，不过没关系，我多喝点儿热水、少说点儿话就好了。

问：女的为什么一直咳嗽？

20. 女：请问，寄到山西大概需要几天？

2-20 男：一般三天就能到。你先在这儿取个号，然后到那边把单子填好。

问：他们可能在哪儿？

21. 男：这个暑假你有什么计划？

2-21 女：我打算留在学校，上午去图书馆学习，下午去郊区学开车，周末跟朋友出去玩儿。

问：他们在讨论什么？

22. 女：你们去吃吧，我从今天起不吃午饭了，我一定要瘦下来。

2-22 男：你这样的减肥方法不科学，它不仅不能让你变瘦，而且可能还会引起问题。

问：女的正在做什么？

23. 男：要不要把这盆花搬到窗边？我怕它见不到太阳就死了。

2-23 女：好的，你力气大，你来搬吧。

问：他们为什么要把花搬到窗边？

24. 女：刘小云怎么还没来？你给她打个电话问问。

2-24 男：她的手机关机。不过她一般很准时的，估计有什么事。咱们再耐心等等。

问：男的是什么意思？

25. 男：你跟女儿都准备好了吗？再不出发，可能就要堵车了。

2-25 女：再等我五分钟，我马上下去。

问：他们可能是什么关系？

第三部分

一共 20 个题，每题听一次。

例如：男：把这个材料复印五份，一会儿拿到会议室发给大家。

女：好的。会议是下午三点吗？

男：改了。三点半。推迟了半个小时。

女：好。602会议室没变吧？

男：对，没变。

问：会议几点开始？

现在开始第 26 题：

26. 女：张总，我这个星期五能请一天假吗？

2-26 男：怎么了？有什么事吗？

女：我奶奶住院了，我想去医院照顾她。

男：好的，希望你奶奶身体能早点儿好起来。

问：女的正在做什么？

27. 男：你这箱子里装的是什么啊？

2-27 女：是我叔叔邮来的葡萄。

男：我记得去年这个时候，你叔叔就邮过。

女：对，这是他们家的，特别甜，一会儿过来尝尝。

问：箱子里面是什么？

28. 女：请问，《中国国家旅游》在哪里？
2-28 男：那本杂志已经卖完了，明天上午能有货。
女：那明天有货的话，能帮我留一本吗？我明天晚上来拿。
男：行，你把姓名和联系电话写在这儿。
问：关于那本杂志，可以知道什么？

29. 男：小雨，周末有时间跟我一起去香山公园吗？
2-29 女：你上周不是去过了吗？
男：我在网上新买了一台相机，我想去试试效果。
女：那好吧，你再帮我照几张好看的照片。
问：他们周末要去做什么？

30. 女：听说你要搬家，找好房子了吗？
2-30 男：还没呢，看了几个房子，一直没遇到满意的。
女：你选择房子有什么条件？我也帮你问问吧。
男：首先离公司稍微近一些，然后就是可以养小狗。
问：男的对房子有什么要求？

31. 男：这些东西都是你做的吗？
2-31 女：对，是我用喝完的饮料瓶做的，你喜欢的话就随便拿一个吧。
男：你为什么不开个网店卖呢？肯定会大受欢迎的。
女：我对这方面不太了解，你能帮帮我吗？
问：男的建议女的做什么？

32. 女：这双鞋是我昨天买的，但是穿上以后有点儿紧，能帮我换个大号吗？
2-32 男：可以，颜色还是要黑色的，对吗？
女：最好是黑色的，没有黑色的话，灰色的也行。
男：好的，您稍等，我马上给您换。
问：男的接下来要做什么？

33. 男：你怎么买了这么多书？
2-33 女：今天是儿童节，公司发了一张购书卡，我就专门给儿子买了一些。
男：发购书卡很实用，你们公司很不错。
女：而且咱们儿子喜欢看书，他看到一定乐坏了。
问：公司为什么发购书卡？

34. 女：这是您的药，您一定要严格按照说明书来吃。
2-34 男：我眼睛不太好，上面的字看不清，你能给我说一下吗？
女：好的，这个药一天吃三次，每次两片，最好在吃完饭半个小时以后吃。
男：太谢谢你了！
问：女的让男的做什么？

35. 男：咱们晚上还有别的活动吗？
2-35 女：听导游说，她会带我们去一条文化小吃街。
男：你帮我跟她说一下，我肚子有点儿疼，就在宾馆休息了。
女：好的，你好好儿休息，有什么事就给我打电话。
问：男的为什么不去小吃街？

第 36 到 37 题是根据下面一段话：

🎧 2-36

　　邻居家阿姨最近一直为她儿子找工作的事情着急。小伙子非常没有耐心，毕业不到两年，一连换了四份工作。每次工作不到半年就说不喜欢，要重新找一家公司。

36. 邻居家阿姨因为什么着急？

🎧 2-37

37. 邻居家的小伙子是个什么样的人？

🎧 2-38

第 38 到 39 题是根据下面一段话：

🎧 2-39

　　人们喝矿泉水时，经常会剩下很多，甚至只喝了一口就不再喝了，这样非常浪费。有一家公司发现了这个问题，推出了一种只有半瓶水的矿泉水，鼓励人们节约用水，受到了很多人的欢迎。

38. 人们喝矿泉水时，有一种什么现象？

🎧 2-40

39. 关于那家公司推出的矿泉水，可以知道什么？

🎧 2-41

第 40 到 41 题是根据下面一段话：

🎧 2-42

　　四川有很多美食，闻名全中国，甚至世界各地。大家熟悉的"宫保鸡丁"、"麻婆豆腐"等都是四川的美食。据调查，每年有成千上万的游客被美食吸引到四川。不仅如此，在中国的各个地方，都有川菜馆，甚至每个母亲都会做川菜。

40. 关于四川的美食，下列哪个正确？

🎧 2-43

41. 根据这段话，下列哪个正确？

🎧 2-44

第 42 到 43 题是根据下面一段话：

🎧 2-45

　　人们出行除了开车、坐出租车或者公共交通，还有一种坐"顺风车"的方式。在某些地方，没有公共汽车，也很难有出租车出现，这时可以向经过的车辆求助，坐一次顺风车。乘坐顺风车的人都是同路的，但他们可能互相并不认识。

42. 这段话没提到哪种出行方式？

🎧 2-46

43. 乘坐顺风车的人有什么特点？

🎧 2-47

第 44 到 45 题是根据下面一段话：

🎧 2-48

　　今天我参加了北京电视台的面试。面试正式开始时间是九点，而我被安排到了十一点那组。参加面试的人有很多，都是今年要毕业的大学生。他们有的非常自信，有的跟我一样觉得竞争压力大，看起来很紧张。

44. 面试几点开始？

🎧 2-49

45. 关于说话人，下列哪个正确？

🎧 2-50

听力考试现在结束。

정답

듣기

1. √	2. √	3. X	4. X	5. √	6. X	7. X	8. X	9. √	10. √
11. A	12. D	13. C	14. C	15. C	16. D	17. A	18. D	19. A	20. D
21. C	22. D	23. B	24. D	25. B	26. B	27. D	28. D	29. A	30. B
31. C	32. A	33. C	34. B	35. B	36. C	37. D	38. A	39. C	40. B
41. A	42. D	43. C	44. D	45. A					

독해

46. F	47. E	48. C	49. A	50. B	51. A	52. E	53. B	54. F	55. D
56. CAB		57. BCA		58. ACB		59. ACB		60. ACB	
61. CBA		62. CAB		63. CAB		64. BCA		65. CAB	
66. D	67. D	68. D	69. B	70. C	71. A	72. A	73. D	74. C	75. C
76. A	77. B	78. C	79. D	80. D	81. A	82. D	83. C	84. B	85. D

쓰기

86. 我听到这个消息激动得哭了。
87. 墙上挂着一张全家福。
88. 妹妹害羞地低下了头。
89. 这是一本关于经济的杂志。
90. 我想这恐怕是个误会。
91. 我不得不改变原来的计划。
92. 跑1000米我至少需要5分钟。
93. 我对下周的面试没有信心。
94. 方向比速度更重要。
95. 我把那部小说重新读了一遍。
96. 你的手机响了, 给你。/ 我的手机怎么一直响呢?
97. 我今天大概要迟到了。/ 从这儿到公司大概还有十分钟。
98. 这些药太苦了。/ 这个药虽然很苦, 但一定要按时吃。
99. 他们俩的力气都很大。/ 我的力气比他的大得多。
100. 这台笔记本电脑是昨天新买的。/ 这台笔记本电脑的质量非常好。

03회
모의고사

녹음 대본

(音乐，30秒，渐弱)

大家好！欢迎参加HSK (四级) 考试。
大家好！欢迎参加HSK (四级) 考试。
大家好！欢迎参加HSK (四级) 考试。

HSK (四级) 听力考试分三部分，共45题。
请大家注意，听力考试现在开始。

第一部分

一共10个题，每题听一次。

例如：我想去办个信用卡，今天下午你有
时间吗? 陪我去一趟银行?

　　★ 他打算下午去银行。

　　现在我很少看电视，其中一个原因是，
广告太多了，不管什么时间，也不管什么节
目，只要你打开电视，总能看到那么多的广
告，浪费我的时间。

　　★ 他喜欢看电视广告。

现在开始第1题:

1. 新搬来的邻居是一名教授。她很有礼
3-01 貌，对人也很友好。大家对她的印象都
　　不错。

　　★ 新邻居比较受欢迎。

2. 从一个国家的教育水平可以看出这个国
3-02 家的经济和社会发展情况。一般来说，
　　教育水平越高的国家，经济和社会发展
　　得越好。

　　★ 教育水平与经济发展有关。

3. 房东是我大学同学，他着急出国，所以
3-03 房子才会以这么低的价格出租，你要是
　　觉得合适，今天就可以去看房。

　　★ 房子已经租出去了。

4. 比赛进行到这儿我们不能不说场上的两
3-04 位运动员让我们看到了乒乓球运动的最
　　高水平，最后谁输谁赢其实已经不重要
　　了。

　　★ 两位运动员水平相差很多。

5. 小王，你不是一直想尝尝北京小吃吗?
3-05 周末我带你去前门大街逛逛，那儿有各
　　种各样的小吃。

　　★ 小王想吃北京小吃。

6. 昨天我收拾房间时看到了读大学时写的
3-06 日记。一边看一边笑，回忆起了很多有
　　意思的事。

　　★ 照片让他回忆起了很多事。

7. 获取信息是我们上网的目的之一。不
3-07 过需要注意的是网上的信息并不都是真
　　的。我们应该仔细判断其真假。

　　★ 网上的信息很准确。

8. 我刚来这儿的时候很不适应，觉得很寂
3-08 寞。后来逐渐习惯了，也交到了很多新
　　朋友。我越来越喜欢这里的生活了。

　　★ 他还不习惯这里的生活。

9. 大家看一下，地图上不同的颜色表示不同的地方。绿色的是森林，蓝色的是海洋。这是黄河，它像不像一个大大的"几"字？

★ 地图上绿色表示森林。

10. 有人认为金钱可以买到幸福，实际上一个人是否幸福，很多时候跟金钱没有直接关系。富人不一定幸福，幸福的人也不一定很有钱。

★ 幸福与金钱关系不大。

第二部分

一共 15 个题，每题听一次。

例如：女：该加油了，去机场的路上有加油站吗？
男：有，你放心吧。
问：男的主要是什么意思？

现在开始第 11 题：

11. 男：那份计划书你看了吗？
女：看了，写得很专业。不过最后一部分有个小错误，我已经用铅笔画出来了。
问：关于那份计划书，可以知道什么？

12. 女：你怎么就吃这么点儿？饺子不好吃？
男：不是。早上吃得太饱，现在还不太饿。剩下的一会儿带走吧。
问：男的为什么没吃完饺子？

13. 男：这期杂志介绍了"刷脸乘地铁"的技术，以后坐地铁就不用刷卡了。
女：现在的科技发展得真是太快了。
问：他们在讨论什么？

14. 女：您好，我想把这些衣服邮寄到外地。你们怎么收费呢？
男：按公斤来，1公斤以内都是20元，然后每超出1公斤加收5块钱。
问：邮寄1公斤衣服需多少钱？

15. 男：我记得你有条白裙子，挺漂亮的。怎么没见你穿？
女：它被我不小心弄上了咖啡，怎么洗也洗不掉。扔了又觉得可惜，所以一直在家放着。
问：关于那条裙子，可以知道什么？

16. 女：我刚打印的报名表和申请表呢？
男：是不是被小张拿走了？刚才他也打印了很多材料，可能拿错了。
问：男的怀疑那些表格怎么了？

17. 男：你不是去看电影了吗？怎么这么早就回来了？
女：六点那场没座位了，只好回来了。
问：关于女的，可以知道什么？

18. 女：先生，您是不是坐错了？我是八排十三号。
男：实在抱歉！我以为这是第九排。
问：男的怎么了？

19. 男：你好！还有标准间吗？
3-19 女：今天没有空房间了。
    问：他们最可能在哪儿？

20. 女：我受不了了，这个菜真辣！
3-20 男：那别再吃了。我给你倒杯饮料。
    问：女的觉得那个菜怎么样？

21. 男：妈，你看这鲜花放在外面才一天，
3-21   叶子就全变绿了。
    女：是啊。估计是之前在客厅里见不到
        阳光才发黄的。
    问：女的认为叶子为什么会发黄？

22. 女：爸，这箱矿泉水是你一个人搬上来
3-22   的？
    男：不是，正好遇上楼上张律师了。他
        和我一起抬上来的。
    问：谁帮男的搬矿泉水了？

23. 男：你手机是不是没电了？怎么总是打
3-23   不通？
    女：抱歉，我换了个新号，还没来得及
        告诉你。
    问：女的怎么了？

24. 女：前边那位好像是我大学教授。我过
3-24   去打声招呼。
    男：是吗？我跟你一起去。
    问：女的要做什么？

25. 男：听说你搬到郊区住了？
3-25 女：是啊，那边空气新鲜，环境也不
        错。挺适合生活的。
    问：女的觉得郊区怎么样？

一共 20 个题，每题听一次。

例如：男：把这个材料复印五份，一会儿
        拿到会议室发给大家。
    女：好的。会议是下午三点吗？
    男：改了。三点半。推迟了半个小
        时。
    女：好。602会议室没变吧？
    男：对，没变。
    问：会议几点开始？

现在开始第 26 题：

26. 女：听说你最近要去深圳演出？
3-26 男：是的。这个月十二号出发。
    女：要去多长时间？
    男：现在还不清楚。估计得月底才能回
        来。
    问：男的不清楚什么？

27. 男：女儿怎么了？
3-27 女：周末她过生日，我们本来不是说好
        陪她去游乐园吗？
    男：我说她怎么一听我要出差就不高兴
        了。
    女：你能把出差的时间往后推推吗？
    问：女儿现在的心情怎么样？

28. 女：先生，不好意思，我们的刷卡机坏
3-28   了，现在只能付现金。
    男：好的，没关系，给你五百。
    女：您有两块钱零钱吗？
    男：我找找。
    问：男的在做什么？

29.
3-29
男：你学得可真快。

女：我小时候学过两年的舞，有点儿基础。

男：这样啊？那你帮我看看，我的动作对不对？

女：腿再抬高点儿。对，就是这样。

问：女的为什么学得快？

30.
3-30
女：这次蛋糕做得怎么样？

男：挺好吃的，糖也放得正好。没想到你水平提高了那么多！

女：那当然了，我专门找了这方面的书来学习呢。

男：你太厉害了。

问：女的看了哪方面的书？

31.
3-31
男：你上次买的饼干很好吃，在哪里买的啊？

女：网上。我把网址发给你。

男：好！我最近正想买些吃的呢。

女：这家的巧克力也挺不错，你可以尝尝。

问：女的让男的买什么尝尝？

32.
3-32
女：您好！我是来应聘导游的。

男：面试时间推迟了。你昨天没收到邮件通知吗？

女：不好意思。我的电脑送去修理了，还没来得及查看。

男：没关系。你明天下午两点再来吧。

问：关于女的，下列哪个正确？

33.
3-33
男：喂？你还在逛街吗？

女：刚逛完，和同事在咖啡馆聊天儿呢。怎么了？

男：我的钥匙丢了，进不了门。你快回来吧。

女：好，我马上就回去。

问：女的现在在哪儿？

34.
3-34
女：半只烤鸭、两份饺子。还需要别的吗？

男：暂时先这些。不够我们再点。

女：好的。我们餐厅今天饮料免费，您想喝点什么？

男：一杯橙汁和一瓶可乐。谢谢！

问：根据对话，下列哪个正确？

35.
3-35
男：这么好的工作机会，你竟然要放弃？

女：我认真考虑过了，还是想出国留学。

男：那你父母怎么说？

女：他们很支持我。说年轻人就应该趁着年轻多出去走走，看看外面的世界。

问：关于女的，下列哪个正确？

第 36 到 37 题是根据下面一段话：
3-36
随着电脑和互联网技术的发展，越来越多的人喜欢在网上写日记。这样既可以记下每天发生的事，又能让周围的人及时了解自己的生活。另外，在网上写日记还能节约用纸、保护环境。

36. 关于网上日记，下列哪个正确？
3-37

37. 根据这段话，网上日记有什么优点？
3-38

第 38 到 39 题是根据下面一段话：

3-39

我们学校对面有条小吃街，读大学的时候我常和同学一起去那儿吃东西。现在毕业都这么多年了，也不知道那里变成什么样子了。这次正好要到北京出差，我打算再去那儿逛逛。

38. 小吃街在哪儿？

3-40

39. 关于说话人，下列哪个正确？

3-41

第 40 到 41 题是根据下面一段话：

3-42

您好！我们正在做一个关于普通话的社会调查。这次调查只用于研究，没有其他目的。能麻烦您花几分钟帮我们填一份调查表吗？填完我们会送您一份小礼物。

40. 说话人正在做什么？

3-43

41. 根据这段话，下列哪个正确？

3-44

第 42 到 43 题是根据下面一段话：

3-45

小李发现哥哥有三个面包，而自己只有一个，他非常生气，于是又跟妈妈要了两个。都吃完后，他觉得肚子很疼。妈妈说："你多吃了两个却没有得到它们的好处。记住，重要的不是得到多少，而是是否适合自己。"

42. 小李吃完面包后怎么了？

3-46

43. 根据这段话，什么才是最重要的？

3-47

第 44 到 45 题是根据下面一段话：

3-48

每个人都希望自己健康。那么，到底什么才是健康呢？过去人们认为健康就是指身体不生病，但是现在人们认识到健康还应该包括精神上的健康。只有身体和精神都健康，才算是真正的健康。

44. 过去人们认为健康是什么？

3-49

45. 这段话主要谈什么？

3-50

听力考试现在结束。

정답

듣기

1. √	2. √	3. X	4. √	5. X	6. X	7. √	8. X	9. √	10. X
11. A	12. C	13. D	14. B	15. B	16. B	17. C	18. B	19. C	20. A
21. C	22. D	23. D	24. C	25. C	26. A	27. C	28. B	29. A	30. B
31. B	32. C	33. C	34. B	35. A	36. B	37. D	38. C	39. A	40. B
41. D	42. B	43. C	44. B	45. C					

독해

46. B	47. C	48. E	49. A	50. F	51. D	52. B	53. E	54. A	55. F
56. CAB		57. BCA		58. ACB		59. BCA		60. CBA	
61. ACB		62. BAC		63. ACB		64. ACB		65. BAC	
66. B	67. D	68. B	69. D	70. B	71. A	72. B	73. A	74. C	75. A
76. C	77. D	78. D	79. D	80. B	81. D	82. A	83. B	84. C	85. C

쓰기

86. 这场雨下得真及时。

87. 那位演员暂时还不打算结婚。

88. 她花光了自己所有的存款。

89. 这个问题稍微有点儿复杂。

90. 这能证明他很有能力。

91. 请帮我复印两份申请表。

92. 她出生在一个美丽的小城市。

93. 自行车被那个小伙子推走了。

94. 冰箱里剩了两个鸡蛋。

95. 那条新闻并没有引起大家的重视。

96. 她正在擦窗户。/ 妈妈把窗户擦得很干净。

97. 他们的动作很标准。/ 这个动作太难学了。

98. 他肚子非常难受，要去医院看病。/ 他早上起来肚子特别难受。

99. 这本书我今天看了三十页。/ 这本书太厚了，我只看了三十页。

100. 我最近胖了很多，该减肥了。/ 从明天起，我要开始减肥。

04회
모의고사

녹음 대본

(音乐，30秒，渐弱)

大家好！欢迎参加HSK (四级) 考试。
大家好！欢迎参加HSK (四级) 考试。
大家好！欢迎参加HSK (四级) 考试。

HSK (四级) 听力考试分三部分，共45题。
请大家注意，听力考试现在开始。

第一部分

一共10个题，每题听一次。

例如：我想去办个信用卡，今天下午你有时间吗？陪我去一趟银行？

★ 他打算下午去银行。

现在我很少看电视，其中一个原因是，广告太多了，不管什么时间，也不管什么节目，只要你打开电视，总能看到那么多的广告，浪费我的时间。

★ 他喜欢看电视广告。

现在开始第1题：

1.
4-01
对不起，明天的聚会我去不了了。刚接到通知，我得去参加一个招聘会。

★ 他明天参加招聘会。

2.
4-02
我觉得这件外套很适合女儿。现在穿肯定特别暖和，正好又打折，咱们就买这件吧。

★ 他对那件外套很满意。

3.
4-03
我和他是同一所大学毕业的，虽然当时没怎么交流，但他给我留下了很深的印象。后来我们进了同一家公司才慢慢熟悉起来。

★ 他们俩从小就认识。

4.
4-04
小张，这些旧报纸都放乱了。你把它们按照时间顺序排列好，整理完就可以下班了。

★ 报纸顺序乱了。

5.
4-05
这个活动交给小李负责，我不太放心。他太年轻了，这方面的经验不是很丰富。

★ 他打算让小李负责这个活动。

6.
4-06
大家如果还有什么问题不明白，随时可以给我发电子邮件。这是我的邮箱地址，你们记一下。

★ 他希望大家给他打电话。

7.
4-07
教育孩子方法很重要。与孩子交流时，父母如果能像朋友一样和他们聊天儿，让他们感觉受到了尊重，他们就更愿意与父母交流。

★ 孩子想被父母尊重。

8.
4-08
让我们一起举起酒杯，为这次合作的成功干杯！我要感谢在场所有的人，这段时间大家辛苦了！

★ 他在向大家道歉。

9.
4-09 由于冷空气南下，我省明天将迎来大幅度降温天气。有些地方还会有小到中雪，交通会受到一定影响。听众朋友们出行时一定要注意安全。

★ 明天可能会下雪。

10.
4-10 我打算去云南旅行，听说那边四季如春，不仅风景漂亮，而且当地少数民族都特别热情。相信这个寒假会十分有趣。

★ 他去年寒假去云南玩儿了。

第二部分

一共 15 个题，每题听一次。

例如：女：该加油了，去机场的路上有加油站吗？

男：有，你放心吧。

问：男的主要是什么意思？

现在开始第 11 题：

11.
4-11 男：喂，我刚收到银行短信提醒，钱已经到了。

女：好，那我就放心了。

问：男的是什么意思？

12.
4-12 女：你怎么瘦了这么多？刚才差点儿没认出来，都不敢跟你打招呼。

男：我原来太胖了，很影响健康。所以最近一直都在减肥。

问：男的现在怎么样？

13.
4-13 男：要买的东西多不多？要不要推辆购物车？

女：推吧。一会儿得买箱矿泉水，那个太重了。

问：女的是什么意思？

14.
4-14 女：哥，昨天晚上睡得好吗？冷不冷？

男：挺好的。房间里开了暖气，很暖和。

问：男的为什么觉得很暖和？

15.
4-15 男：早上起床后，我感觉全身都没力气。两只胳膊疼得都抬不起来了。

女：你昨天搬太多重东西了。

问：男的怎么了？

16.
4-16 女：你不要躺在沙发上看电视了，帮我把垃圾扔了吧。

男：这场足球比赛马上就结束了，我看完就去。

问：男的现在在干什么？

17.
4-17 男：您的银行卡办好了。需要办网上银行吗？现在是免费的。

女：暂时不用。谢谢。

问：女的来银行干什么？

18.
4-18 女：听说年底咱公司对面要开一家新饭馆。

男：真的吗？那到时候咱们吃饭就方便多了。

问：新饭馆什么时候开？

19.
4-19 男：这苹果真甜。你在哪儿买的？

女：是家里亲戚寄过来的。他们那儿的苹果非常好吃。

问：苹果是谁送的？

20. 女：这台打印机上午恐怕是修不好了。
4-20
    男：那怎么办？会议马上就开始了，材料还没打印呢。

    问：根据对话，下面哪个正确？

21. 男：你有张教授的电话号码吗？我们年
4-21
    级礼拜天晚上有个聚会，想邀请他参加。

    女：有。不过张教授出国了，你不一定能联系上他。

    问：男的想请张教授做什么？

22. 女：什么事让你这么激动？
4-22
    男：硕士考试的结果出来了，我考上了，真是太高兴了！

    问：男的为什么很激动？

23. 男：你们那个方案通过了吗？
4-23
    女：别提了。超过百分之八十的人都反对。我们不得不放弃了。

    问：关于那个方案，可以知道什么？

24. 女：这个地方太难了，我怎么都弹不好。
4-24
    男：是有点儿复杂，你多练习几遍就好了。

    问：男的建议女的怎么做？

25. 男：小姐，您想把头发理成什么样子？
4-25
    女：短一点儿就行。这两天天气太热，头发短点儿，凉快一些。

    问：他们现在最可能在哪儿？

第三部分

一共 20 个题，每题听一次。

例如：男：把这个材料复印五份，一会儿
    拿到会议室发给大家。

    女：好的。会议是下午三点吗？

    男：改了。三点半。推迟了半个小时。

    女：好。602会议室没变吧？

    男：对，没变。

    问：会议几点开始？

现在开始第 26 题：

26. 女：咱们去五楼吧。
4-26
    男：五楼是卖厨具的。家里缺什么吗？

    女：搬家时我扔了一部分筷子和勺子。明天有客人来，我怕不够用。

    男：那我们去看看吧。

    问：根据对话，可以知道什么？

27. 男：你怎么咳嗽得这么严重？吃药了
4-27
    吗？

    女：吃了，但是好像没什么效果。

    男：去医院打一针吧。这样好得快些。

    女：先等等吧。要是明天还不好，再去。

    问：女的觉得那些药怎么样？

28. 女：师傅，去火车站。我赶火车，麻烦
4-28
    您开快点儿。

    男：好的，你几点的火车？

    女：两点，来得及吗？

    男：没问题，保证一点之前就把你送到。

    问：女的要去哪儿？

29. 男：你周末去海洋馆了？好玩儿吗？

4-29 女：好玩儿。里面有许多海洋动物，也有动物表演。我和儿子玩儿得很开心。

男：人多不多？

女：多，到处都是人。最好不要周末去。

问：女的觉得海洋馆怎么样？

30. 女：准备哪天出发？

4-30 男：我的签证已经下来了，把房子租出去就走。

女：我有个同学想在这附近租房。

男：太好了！你让他来看看吧。

问：关于男的，可以知道什么？

31. 男：大学生活比高中生活丰富多了吧？

4-31 女：确实。学校里经常会举办各种活动。

男：你可以选择一些自己感兴趣的参加。既能认识朋友，又能积累经验。

女：是啊。我也是这么想的。

问：男的觉得参加活动有什么好处？

32. 女：你参加新华晚报的招聘了？感觉怎么样？

4-32 男：结果还没出来。不过我觉得希望不大。

女：为什么？紧张了？

男：没。他们一共才招十个人。可去应聘的差不多有一千人。

问：男的为什么觉得自己希望不大？

33. 男：实在抱歉！我来晚了。

4-33 女：没事。我也刚到。你衬衫上是什么？

男：过马路时，一个小孩儿不小心把果汁弄到我衬衫上了。我先去一趟洗手间。

女：好。

问：男的衬衫怎么了？

34. 女：羽毛球打到那棵树上了，怎么办？

4-34 男：没关系，我爬上去拿。

女：这样太危险了。咱们还是去买几个新的吧。

男：也行。那我们现在去附近的超市看看。

问：他们最后决定怎么办？

35. 男：看什么呢？这么认真！叫你两次都没听见。

4-35 女：刚买的杂志，里面有篇文章写得不错。有时间你也看看。

男：是吗？关于什么的？

女：是谈人的性格的。有些说法很新鲜。

问：那篇文章是关于哪方面的？

第36到37题是根据下面一段话：

4-36 这家店的包子很好吃，深受顾客的喜爱。虽然开在郊区，但生意一点儿也没受到影响。每天都有很多人从十几公里外的市区赶来。即使有时要排很长时间的队，他们也觉得值。

36. 这家店什么东西很好吃？

4-37

37. 关于这家店，下列哪个正确？

4-38

第 38 到 39 题是根据下面一段话：

🔊 4-39

绿色在人们眼中往往代表着生命和希望。现在它有了一种新的意思，那就是"无污染"。市场上大受欢迎的绿色食品就是指那些没有受到污染的、优质的、安全的食品。

38. 绿色可以代表什么？

🔊 4-40

39. 关于绿色食品，下列哪个正确？

🔊 4-41

第 40 到 41 题是根据下面一段话：

🔊 4-42

有个年轻人乘坐火车时，因为对人很不礼貌，车上的人都很不喜欢他。到站后，年轻人拉着行李箱下车了。这时有乘客打开窗户对他说："你有东西留在车上了。"年轻人奇怪地问："什么东西？"乘客说："一个极坏的印象。"

40. 年轻人是个什么样的人？

🔊 4-43

41. 年轻人把什么留在车上了？

🔊 4-44

第 42 到 43 题是根据下面一段话：

🔊 4-45

欢迎大家乘坐此次航班。为了保证您的安全，在飞机起飞和降落过程中，请不要使用手机和电脑。此次航班全程禁烟，请您不要抽烟。另外，我们还为您准备了饼干、茶和咖啡等，供您选用。

42. 这个广播最可能会在哪里听到？

🔊 4-46

43. 大家被禁止做什么？

🔊 4-47

第 44 到 45 题是根据下面一段话：

🔊 4-48

茶在中国有数千年的历史，是中国最常见的饮料。最早的时候，茶只是被当做一种药而不是饮料。后来随着人们对茶的认识的加深，慢慢开始将它当做解渴的饮料，这才逐渐有了中国的茶文化。

44. 茶最早被当做什么？

🔊 4-49

45. 关于茶，可以知道什么？

🔊 4-50

听力考试现在结束。

듣기

1. X	2. √	3. √	4. X	5. X	6. X	7. X	8. √	9. √	10. √
11. A	12. D	13. B	14. A	15. D	16. A	17. A	18. D	19. D	20. D
21. C	22. C	23. D	24. A	25. C	26. D	27. B	28. C	29. D	30. B
31. C	32. B	33. C	34. C	35. B	36. A	37. A	38. D	39. A	40. C
41. A	42. A	43. C	44. D	45. D					

독해

46. B	47. C	48. A	49. F	50. E	51. A	52. F	53. D	54. E	55. B
56. BAC		57. CBA		58. ABC		59. ACB		60. BAC	
61. BCA		62. CAB		63. ACB		64. CBA		65. ACB	
66. B	67. A	68. C	69. B	70. C	71. A	72. B	73. C	74. D	75. C
76. B	77. B	78. C	79. B	80. B	81. B	82. C	83. D	84. B	85. D

쓰기

86. 您的条件不符合招聘要求。

87. 她的性格没有妹妹活泼。

88. 你的动作做得不太标准。

89. 他们之间好像有些误会。

90. 那部电影感动了许多观众。

91. 李护士是一个十分有责任心的人。

92. 能帮我去厨房拿一个勺子吗?

93. 我们先把沙发抬进来吧。

94. 我妈妈是去年秋天退休的。

95. 在加油站附近抽烟非常危险。

96. 我周末跟家人一起逛超市。 / 我最大的爱好就是逛百货商店。

97. 我们俩聊得很开心。 / 他们俩一边喝咖啡一边聊天。

98. 这本书值得一看。 / 这本小说很有意思, 很值得看。

99. 这两只小狗有区别吗? / 那两只小狗完全没有什么区别。

100. 妈妈抱着我的弟弟。 / 妈妈一抱弟弟, 他就不哭了。

05회
모의고사

녹음 대본

(音乐，30秒，渐弱)

大家好！欢迎参加HSK (四级) 考试。
大家好！欢迎参加HSK (四级) 考试。
大家好！欢迎参加HSK (四级) 考试。

HSK (四级) 听力考试分三部分，共45题。
请大家注意，听力考试现在开始。

第一部分

一共10个题，每题听一次。

例如：我想去办个信用卡，今天下午你有时间吗？陪我去一趟银行？

　　★ 他打算下午去银行。

　　现在我很少看电视，其中一个原因是，广告太多了，不管什么时间，也不管什么节目，只要你打开电视，总能看到那么多的广告，浪费我的时间。

　　★ 他喜欢看电视广告。

现在开始第1题：

1. 李先生，您的病问题不大，除了吃药外，心情愉快也很重要。心情好，病就好得快。所以要少发脾气，每天都要有一个好心情。
5-01

　　★ 李先生病得很严重。

2. 新学期刚开始，大家都还不太熟悉。所以我想举办一场小晚会，到时让每个人都介绍一下自己，互相认识认识。
5-02

　　★ 大家认识不久。

3. 房间太乱了，花了一上午才把它收拾干净。这些旧报纸和旧衣服还要吗？不要的话我就拿去卖了。
5-03

　　★ 房间已经打扫干净了。

4. 研究发现，吃甜的东西能使人心情快乐。所以如果你有心事，心情不好的话，可以吃点儿蛋糕或者巧克力。这些甜的东西也许会给你带来好心情。
5-04

　　★ 吃甜的东西对身体不好。

5. 我们应该养成写日记的习惯。那些发生在我们身边的事情，不管是幸福的、让人感动的，还是伤心的、不愉快的都值得我们将来慢慢回忆。
5-05

　　★ 经常写日记让人更聪明。

6. 观众朋友们，以上就是今天《人与自然》的全部内容，感谢您的收看，我们明天同一时间再见！
5-06

　　★ 今天的节目还没开始。

7. 我本来计划这个礼拜天去台湾玩儿，连机票都买好了。可是公司突然有事，我只好推迟几天再去了。
5-07

　　★ 他会按计划准时到台湾。

8. 有些人因为睡懒觉，往往没时间吃早饭就去上班。其实只要我们稍微提前几分钟起床，时间就不会那么紧张了。
5-08

　　★ 睡懒觉会让时间变得紧张。

9. 音乐不但是一门艺术，还是一种语言。
5-09 人们对音乐的喜爱与国籍无关。通过音乐，不同国家的人可以交流感情，增进了解。

★ 人们可以通过音乐增进了解。

10. 程先生是著名的京剧表演艺术家，他从五岁起就跟着师傅学唱京剧，十岁上台表演，二十岁时就成为了当时十分有名的京剧演员。

★ 程先生二十岁时就很有名。

第二部分

一共 15 个题，每题听一次。

例如：女：该加油了，去机场的路上有加油站吗？

男：有，你放心吧。

问：男的主要是什么意思？

现在开始第 11 题：

11. 男：真可惜，要是再快一秒他就赢了。
5-11 女：已经很厉害了。他才十七岁，而且是第一次参加这种国际比赛。

问：女的觉得那个人怎么样？

12. 女：师傅，您能开快点儿吗？我赶时间。
5-12 男：对不起，这条路规定最高时速是60公里，现在的速度已经是最快的了。

问：男的主要是什么意思？

13. 男：这条项链真漂亮，是送给妈妈的生日礼物吗？
5-13 女：是的，不过你现在千万别告诉她。我要等她生日那天再给她。

问：项链是送给谁的？

14. 女：有消息说今年公司奖金会提高百分之二十。
5-14 男：我也听说了。但是好像只有优秀职员才会提高，其他人不变。

问：男的觉得谁的奖金会提高百分之二十？

15. 男：难道我把手机忘在办公室里了？
5-15 女：肯定没有。刚才我还听见它响了呢。

问：女的主要是什么意思？

16. 女：哪个瓶子里面是盐？
5-16 男：中间那个，右边那个是白糖，你千万别拿错了。

问：女的在找什么？

17. 男：你考虑清楚了？真的要放弃这次机会？
5-17 女：是的。我父亲身体不太好，我决定留下来照顾他。

问：女的为什么要放弃这次机会？

18. 女：这星期来参观的人数大约是两万，比上星期少了一半。
5-18 男：为什么突然少了这么多人？

问：参观人数减少了多少？

19. 男：祝贺你顺利通过了考试。
5-19 女：谢谢，以后我就可以自己开车上班了。真是太好了。

问：女的现在心情怎么样？

20. 女：你等我一下，我去趟卫生间。
5-20
    男：好，那你快点儿。刚才超市的广播
        说还有20分钟就关门了。
    问：女的要去哪儿？

21. 男：都四点一刻了，你怎么还不去接孙
5-21   子？
    女：孩子今天参加演讲比赛，五点半才
        结束。
    问：女的是什么意思？

22. 女：钥匙在这个盒子里。可是盒子怎么
5-22   也打不开。
    男：我去拿把小刀来试试。
    问：关于那个盒子，可以知道什么？

23. 男：阿姨，你的塑料袋破了，有东西掉
5-23   出来了。
    女：啊！我光看路了。谢谢你提醒我。
    问：男的提醒女的什么？

24. 女：太热了，你去把窗户关上。咱们开
5-24   空调吧。
    男：你忘了？空调坏了，还没找人来修
        呢。
    问：根据对话，可以知道什么？

25. 男：你对小林还有印象吗？
5-25
    女：当然！我记得他很聪明，成绩也特
        别优秀。老师经常表扬他。
    问：女的对小林有什么印象？

一共20个题，每题听一次。

例如：男：把这个材料复印五份，一会儿
          拿到会议室发给大家。
      女：好的。会议是下午三点吗？
      男：改了。三点半。推迟了半个小
          时。
      女：好。602会议室没变吧？
      男：对，没变。
      问：会议几点开始？

现在开始第26题：

26. 女：你的出国材料准备得怎么样了？
5-26
    男：差不多了。还少一个收入证明，我
        这就去银行办。
    女：一份恐怕不够，最好多复印几份。
    男：我知道了，谢谢。
    问：男的现在要做什么？

27. 男：公司对面新开了家饭馆儿，你去过
5-27   吗？
    女：去过。那儿菜不错，服务态度也挺
        好。就是去晚了要等座位。
    男：那我这会儿去估计是来不及了。
    女：是，你想去的话要早点儿出发。
    问：女的觉得那家饭馆儿怎么样？

28. 女：我要去开会，你能帮我寄一下资料吗？
5-28
男：没问题。正好我一会儿也要去趟邮局。
女：谢谢。地址我写在这张纸上了。
男：这几个字不清楚，是文二路吗？
问：男的一会儿要去哪儿？

29. 男：我们乘坐的航班要登机了，咱们过去吧。
5-29
女：我的登机牌不见了。
男：你好好儿想想丢在哪里了。
女：实在想不起来了。我去服务台问问怎么办。
问：女的为什么还不登机？

30. 女：你猜我刚才在路上看见谁了？
5-30
男：谁啊？
女：以前教女儿钢琴的王老师。
男：是吗？我们和她至少有五六年没见了吧？
问：女的遇到谁了？

31. 男：这张照片在哪儿照的？真漂亮。
5-31
女：颐和园。最近天气暖和了，那儿的花儿都开了。
男：颐和园在哪儿？离这儿远不远？
女：有点儿远，但是坐地铁能直接到。
问：最近天气怎么样？

32. 女：刚才的会议内容全部都记下来了吧？
5-32
男：记下来了，大家提的意见也列好了。
女：那你整理完发给我一份吧。
男：好，要给张经理也发一份吗？
问：男的在整理什么？

33. 男：这本书的作者你认识？
5-33
女：对，他在我们学校工作。
男：是吗？他的小说写得很感人。
女：是，我也喜欢他的小说。
问：他们觉得那位作者的小说写得怎么样？

34. 女：礼拜天我们去学校的体育馆打乒乓球吧。
5-34
男：好啊，不过周末人会不会很多？
女：应该不会，已经放寒假了，去打球的人肯定不多。
男：我一会儿先打个电话问问吧。
问：他们周末打算做什么？

35. 男：小姐，我们公园禁止车辆入内。
5-35
女：那麻烦问一下，这周围哪里有停车的地方？
男：马路对面就有一个免费停车场。
女：好的。谢谢你！
问：关于公园，可以知道什么？

第36到37题是根据下面一段话：
5-36
这次的讨论活动办得很不错，讨论的问题很吸引人，大家都很感兴趣。尤其是高老师讲的那个小故事，让讨论变得更有意思了。我想，如果我们下次再举办这样的活动，一定会有更多同学报名参加。

36. 说话人认为这次活动怎么样？
5-37

37. 高老师在活动中做了什么？
5-38

第38到39题是根据下面一段话：

5-39

丽水家园小区有一个两室一厅的房子出租，高层电梯，老人上下楼也很方便。小区门口就是公交站，距地铁站不到十分钟，交通十分便利。周围有超市、医院，租金低，有意者请电话联系。

38. 这段话最可能出现在哪儿？

5-40

39. 关于那个房子，可以知道什么？

5-41

第40到41题是根据下面一段话：

5-42

"父母在，不远游"是中国的一句老话。意思是说父母健在时，儿女最好陪在他们身边。然而现在人们的想法发生了很大的变化。越来越多的人到离家很远的城市、甚至国外锻炼自己，父母也鼓励他们这么做。

40. "父母在，不远游"说的是孩子应怎么
5-43   样？

41. 现在对于孩子出国，父母是什么态度？

5-44

第42到43题是根据下面一段话：

5-45

现在的中学生每天在学校学习，不仅缺少运动，而且还经常吃不健康的东西，对身体很不好。建议家长提醒孩子多吃香蕉、苹果，多锻炼身体，少食快餐、饮料等不健康的食品。

42. 现在的中学生有什么特点？

5-46

43. 根据这段话，家长应该提醒孩子怎么做？

5-47

第44到45题是根据下面一段话：

5-48

人们做错事时往往会想，如果当时不这样做就好了。可是生活中没有如果，只有结果。任何事情都不可能重新来过。我们要做的是正确认识错误，从失败中总结经验。记住，每后悔一秒钟，你离成功就越远了一步。

44. "生活中没有如果"是什么意思？

5-49

45. 说话人认为，不该把时间浪费在什么
5-50   上？

听力考试现在结束。

정답

듣기

1. √	2. √	3. X	4. √	5. X	6. X	7. X	8. X	9. √	10. √
11. C	12. C	13. D	14. C	15. C	16. D	17. B	18. A	19. B	20. C
21. B	22. C	23. A	24. B	25. C	26. C	27. D	28. D	29. B	30. C
31. B	32. A	33. B	34. B	35. D	36. C	37. D	38. C	39. C	40. C
41. B	42. C	43. A	44. B	45. C					

독해

46. A	47. B	48. F	49. E	50. C	51. B	52. F	53. D	54. E	55. A
56. ABC		57. CAB		58. BAC		59. CAB		60. ACB	
61. ACB		62. CBA		63. BCA		64. CAB		65. BCA	
66. B	67. C	68. B	69. B	70. C	71. D	72. B	73. D	74. A	75. B
76. C	77. D	78. D	79. B	80. B	81. C	82. D	83. D	84. D	85. C

쓰기

86. 这两个字的读音完全不同。

87. 去非洲旅游时要注意保护皮肤。

88. 请把这则新闻翻译成中文。

89. 我的工资比五年前增加了一倍。

90. 高速公路上禁止随便停车。

91. 这篇文章是介绍公司管理的。

92. 他收到了一封来自国外的邮件。

93. 海洋污染使海鱼数量变得越来越少。

94. 那个顾客接受你的道歉了吗?

95. 观众对比赛的结果十分失望。

96. 妻子做的汤稍微有点儿咸。/ 这碗汤有点儿咸, 不过挺好喝的。

97. 这个路口禁止左转。/ 这里禁止左转, 你先一直往前开吧。

98. 他现在到底想什么呢? / 他最近到底发生了什么事?

99. 他运动后出了一身汗。/ 你快用毛巾擦一下汗。

100. 这条路堵车堵得很厉害。/ 由于今天路上堵车, 我上班迟到了。

06회

모의고사

녹음 대본

(音乐，30秒，渐弱)

大家好！欢迎参加HSK (四级) 考试。
大家好！欢迎参加HSK (四级) 考试。
大家好！欢迎参加HSK (四级) 考试。

HSK (四级) 听力考试分三部分，共45题。
请大家注意，听力考试现在开始。

第一部分

一共10个题，每题听一次。

例如：我想去办个信用卡，今天下午你有时间吗？陪我去一趟银行？

★ 他打算下午去银行。

现在我很少看电视，其中一个原因是，广告太多了，不管什么时间，也不管什么节目，只要你打开电视，总能看到那么多的广告，浪费我的时间。

★ 他喜欢看电视广告。

现在开始第1题：

1.
6-01
那位作家的小说语言幽默、内容丰富，在国内很受欢迎。现已被翻译成了好几种语言。

★ 那位作家的小说很有名。

2.
6-02
这件衬衫好看是好看，就是稍微有点儿厚。春天和秋天穿正好。现在穿会比较热啊。

★ 这件衬衫适合春天穿。

3.
6-03
别担心，儿子只是吃坏肚子了。早上我带他去医院打了一针，现在已经好多了。

★ 儿子感冒很严重。

4.
6-04
张经理去哪儿了？ 他的电话一直在占线。去办公室找他，敲了半天门也没人开。

★ 张经理的电话打不通。

5.
6-05
小王没跟你商量，就做决定，确实不对。可是既然他都向你道歉了，你就不要再生气了。

★ 他认为小王没做错。

6.
6-06
这几份调查后面的问题都没有回答，前面的选择题也有不少空着，所以不能用，先放到旁边的桌子上吧。

★ 那几份调查做得很好。

7.
6-07
小云，这个月7号有几位东南亚国家的大使会来我们学校参观。你负责那天的翻译工作吧。记得到时穿得正式些。

★ 他让小云去机场接大使。

8.
6-08
大理是云南省著名的旅游城市和历史文化名城。那儿的气候一年四季都让人感到很舒服。就连最热的夏天，温度也只有二十五度左右。

★ 大理一年四季都很热。

9. 许多人认为筷子只要没坏就可以继续使
6-09 用。然而筷子与牙刷一样，都需要经常
换。一般来说筷子的使用时间最好别超
过半年。

★ 筷子应该经常换。

10. 保护环境可以从身边的小事做起。例如
6-10 少用塑料袋；将垃圾丢进垃圾桶；夏天
把空调的温度开得高一些等等。这些是
我们每个人都能够做到的。

★ 环保要从生活中的小事做起。

第二部分

一共 15 个题，每题听一次。

例如：女：该加油了，去机场的路上有加
油站吗？
男：有，你放心吧。
问：男的主要是什么意思？

现在开始第 11 题：

11. 男：我没有零钱坐公共汽车，你有吗？
6-11 女：我也没有，你去买瓶矿泉水，换点
儿零钱吧。
问：女的为什么让男的去买水？

12. 女：咱们店今天卖了132台空调。
6-12 男：真的吗？还从来没卖过这么多呢。
问：他们店今天卖了多少台空调？

13. 男：你这篇报道写得不错，以后要继续
6-13 努力。
女：谢谢您，我一定会好好儿工作的。
问：男的觉得那篇报道怎么样？

14. 女：王大夫说爷爷被送来得很及时，现
6-14 在已经没事了。
男：那就好。对了，那个送爷爷来医院
的小伙子呢？得好好儿谢谢他！
问：他们要感谢谁？

15. 男：请问，去国家森林公园走这条路，
6-15 对吗？
女：对。继续往前走，第一个路口右转
就能看见了。
问：男的在做什么？

16. 女：一共108元，您付现金还是刷卡？
6-16 男：可以用手机支付吗？我没带钱包。
问：根据对话，下列哪个正确？

17. 男：你帮我看看，这个词只有这一个意
6-17 思吗？
女：等一下，我查查字典，也许还有其
他解释。
问：女的接下来要做什么？

18. 女：这儿的风景真美，帮我照张相吧。
6-18 男：好的。你稍微往右边站一点儿，我
帮你把后面的大海也照上。
问：女的让男的做什么？

19. 男：黄老师，我早上跟您打招呼，您没
6-19 看见？
女：真是对不起，我不是故意的。今天
忘戴眼镜了，看不清楚。
问：女的为什么没和男的打招呼？

20.
6-20
女：你在大熊猫自然保护区上班，一定很有趣吧？

男：确实，不过并不轻松。有机会我带你去参观参观。

问：男的觉得自己的工作怎么样？

21.
6-21
男：卫生间的灯竟然又坏了。这个月已经是第三次了。

女：太奇怪了，我明天找个师傅来看看到底是怎么回事。

问：女的对什么感到奇怪？

22.
6-22
女：昨天的足球比赛你看了吗？

男：看了。真是太精彩了，尤其是下半场。

问：男的觉得比赛怎么样？

23.
6-23
男：我要去安检了，你们也回去吧。

女：拿好护照和登机牌，下了飞机就给我和你爸打个电话。

问：他们最可能在哪儿？

24.
6-24
女：祝贺你考上了名牌大学。

男：谢谢。如果没有老师的帮助，恐怕不会这么顺利。

问：关于男的，可以知道什么？

25.
6-25
男：当记者感觉怎么样？ 跑新闻很累吧？

女：确实有点儿辛苦，但每天都能遇到一些有趣的事情，再累也值得。

问：女的觉得当记者怎么样？

一共 20 个题，每题听一次。

例如：男：把这个材料复印五份，一会儿拿到会议室发给大家。

女：好的。会议是下午三点吗？

男：改了。三点半。推迟了半个小时。

女：好。602会议室没变吧？

男：对，没变。

问：会议几点开始？

现在开始第 26 题：

26.
6-26
女：您好！刘教授。没想到能在这儿遇见您！

男：您好！马女士。您也喜欢听京剧？

女：喜欢。我是听我爷爷唱京剧长大的。

男：真不错。现在爱听京剧的年轻人可不多了。

问：女的遇到谁了？

27.
6-27
男：我们关窗户了吗？

女：刚才走得太急，我没注意。

男：天气预报说中午有大雨。

女：那我回家看一下。你上班要来不及了，先走吧。

问：女的为什么要回家一趟？

28.
6-28
女：行李箱怎么打不开了？

男：是不是密码错了？

女：应该不会，就是这几个数字。

男：别着急，你再仔细想想。

问：女的怎么了？

29. 男：听说你最近在学车，学得怎么样?
6-29
　　女：别的都还行，就是不太会停车。

　　男：平时多练练就行。

　　女：好。对了，你是老司机，有空教教
　　　　我吧。

　　问：男的建议女的怎么做?

30. 女：你在北京上了四年大学，应该对北
6-30
　　　　京很熟悉吧?

　　男：怎么? 你要去北京?

　　女：我这周末去北京出差，正好可以逛
　　　　逛，你有什么好建议吗?

　　男：现在是看红叶的好季节，你可以去
　　　　香山公园走走。

　　问：男的有什么建议?

31. 男：明天上午学校有个招聘会，你去不
6-31
　　　　去?

　　女：我明早有一节课，估计赶不上。

　　男：招聘会9点半开始，你几点下课?

　　女：9点。那我还来得及。

　　问：关于女的，下列哪个正确?

32. 女：我包的饺子味道怎么样?
6-32
　　男：很香。就是有点儿咸，盐放多了。

　　女：是吗? 那我给你倒杯水吧。

　　男：好的。

　　问：男的觉得饺子怎么样?

33. 男：在这儿休息会儿吧。我实在没有力
6-33
　　　　气继续爬了。

　　女：好，我也有点儿渴了。我们先坐下
　　　　来喝点儿东西。

　　男：我包里有水也有饮料。你要喝什
　　　　么?

　　女：水吧。

　　问：他们最可能在做什么?

34. 女：服务员，我们的啤酒不要了，换成
6-34
　　　　可乐，行吗?

　　男：可以。还有其他需要吗?

　　女：顺便再帮我们拿两双筷子吧。

　　男：好的。请稍等。

　　问：他们最可能在哪儿?

35. 男：你抱这么多书去哪儿?
6-35
　　女：快期末考试了。我去图书馆复习。

　　男：你没看到校园网上的通知吗? 今天
　　　　图书馆检修，不开门。

　　女：是吗? 那我去教室吧。

　　问：女的想去图书馆做什么?

第 36 到 37 题是根据下面一段话:
6-36
　　王女士，您放心。只要是在我们店购买
的电视机，一年以内出现任何质量问题，我
们都会免费给您修。这是保修卡，使用中遇
到什么问题，您可以通过上面的电话联系我
们。

36. 王女士在买什么?
6-37

37. 联系方式写在哪儿?
6-38

第 38 到 39 题是根据下面一段话:
6-39
　　川菜也就是四川菜，一直很受中国人的
欢迎。无论你在中国哪个省市，都能找到川
菜馆儿。川菜最大的特点就是辣。很多人一
开始吃会觉得很辣，但适应后越来越喜欢，
甚至变得"不辣不欢"。

38. 很多人刚开始吃川菜时，觉得味道怎么
6-40　样?

39. 关于川菜，可以知道什么？

6-41

第40到41题是根据下面一段话：

6-42

世界上没有完全相同的叶子。同样的，世界上也没有完全一样的人。对老师来说，就是要认识到每个学生在性格、能力等方面都有不同。因此，教育学生时，要根据学生的特点选择不同的方法。

40. 这段话用"没有完全相同的叶子"来说明什么？

6-43

41. 根据这段话，老师教学时应该怎么做？

6-44

第42到43题是根据下面一段话：

6-45

一个人如果选择自己喜欢的工作，上班就是件有意思的事情。即使遇到了困难，也会积极地想办法解决。相反，要是每天做自己不喜欢的事，就会觉得上班很无聊，更谈不上工作热情了。所以选择工作时要考虑清楚，不能太随便。

42. 一个人做自己喜欢的工作会怎么样？

6-46

43. 选择工作时应该怎么样？

6-47

第44到45题是根据下面一段话：

6-48

某市的阅读爱好者们发起了一场地铁阅读活动。他们互相不认识，但对于读书的喜爱，让他们聚到了一起。在这次阅读活动中，他们乘坐同一辆地铁，在一起读书。他们希望通过这次活动引起人们对读书的重视。

44. 关于参加这次活动的人，下列哪个正确？

6-49

45. 这次阅读活动的目的是什么？

6-50

听力考试现在结束。

맛있는 중국어
HSK 4급 **1000**제

07회
모의고사

정답

듣기

1. √	2. X	3. X	4. √	5. √	6. X	7. √	8. √	9. X	10. X
11. B	12. A	13. D	14. B	15. B	16. D	17. A	18. B	19. B	20. B
21. A	22. D	23. D	24. A	25. B	26. D	27. A	28. D	29. C	30. A
31. D	32. A	33. D	34. C	35. B	36. C	37. B	38. C	39. B	40. C
41. D	42. A	43. D	44. D	45. A					

독해

46. C	47. E	48. A	49. F	50. B	51. F	52. B	53. A	54. D	55. E
56. BCA		57. BAC		58. CAB		59. CBA		60. ACB	
61. ACB		62. ABC		63. BAC		64. ACB		65. CAB	
66. D	67. D	68. B	69. C	70. C	71. A	72. B	73. C	74. A	75. D
76. D	77. C	78. A	79. D	80. A	81. D	82. A	83. C	84. D	85. C

쓰기

86. 这个词翻译得不太准确。

87. 新房子的客厅比原来的大多了。

88. 故事的发展让读者感到很吃惊。

89. 巧克力都被孙子吃光了。

90. 他不得不停下手中的工作。

91. 对面将来要开一家复印店。

92. 请大家把上节课学过的内容复习一下。

93. 难道你当时一点儿都不害怕吗?

94. 去海洋馆的路现在特别堵。

95. 要养成节约用纸的好习惯。

96. 我乘坐飞机去中国。/ 他乘坐的飞机就要降落了。

97. 你猜箱子里面是什么? / 你猜, 我给你买了什么礼物?

98. 你往我指的方向看。/ 他指的方向好像是错的。

99. 我不小心把鸡蛋打破了。/ 这些鸡蛋被他打破了, 怎么办呢?

100. 这辆车需要修理一下。/ 我的车坏了, 他正在帮我修理。

07회
녹음 대본
모의고사

(音乐，30秒，渐弱)

大家好！欢迎参加HSK(四级)考试。
大家好！欢迎参加HSK(四级)考试。
大家好！欢迎参加HSK(四级)考试。

HSK(四级)听力考试分三部分，共45题。
请大家注意，听力考试现在开始。

第一部分

一共10个题，每题听一次。

例如：我想去办个信用卡，今天下午你有时间吗？陪我去一趟银行？

★ 他打算下午去银行。

　　现在我很少看电视，其中一个原因是，广告太多了，不管什么时间，也不管什么节目，只要你打开电视，总能看到那么多的广告，浪费我的时间。

★ 他喜欢看电视广告。

现在开始第1题：

1. 父母对孩子必须做到言而有信，对孩子
7-01　说过的话一定要做到。要是实在做不到，就应向孩子道歉，并解释清楚原因。否则孩子会认为你在骗他。

★ 父母对孩子要讲信用。

2. 李先生，很抱歉。我们办公室的复印机
7-02　坏了。现在还在修理，可能过一会儿才能把材料交给您。

★ 复印机修好了。

3. 我就带大家参观到这儿。剩下的时间大
7-03　家可以到处走走，一个半小时后也就是四点，咱们准时在出口见。

★ 他们一点半在出口见。

4. 狗是很聪明的动物，但要让它完成一些
7-04　任务，只教一次是不能让它马上就记住的，应该耐心地一遍一遍地教给它，才能让它熟悉并很快学会。

★ 教狗学习需要耐心。

5. 尽管有些宾馆会给客人提供免费的毛
7-05　巾、牙膏和牙刷，但是每次旅游时，她都会自己带着这些东西，尽量不用宾馆里的。

★ 她不愿意用宾馆的毛巾。

6. 我有个亲戚住在郊区，那儿有山有水，
7-06　尤其是夏天，景色非常美丽，而且还特别凉快。每年暑假我都喜欢去他家住上几天。

★ 亲戚暑假常去他家玩儿。

7. 年轻就是健康，年轻就是美丽，不要太
7-07　担心身材好不好，也不要太在乎自己长得漂不漂亮、帅不帅，年轻人最重要的是要有自信。

★ 年轻人应该相信自己。

8. 我喜欢阳光：一来阳光给了万物生命；
7-08 二来有了阳光，花园里的小草更绿了；
三来有了阳光，天空下的海洋更蓝了。

★ 阳光的作用很大。

9. 我好像在哪儿见过她，这么面熟！难道
7-09 她真是我小学时的同学吗？ 变化真大
啊！比以前漂亮多了！

★ 他们俩以前是同事。

10. 到机场后，他才发现忘记带护照了，但
7-10 是他乘坐的航班一个小时后就要起飞
了，他只好改签下一趟航班。

★ 他顺利坐上飞机了。

第二部分

一共15个题，每题听一次。

例如： 女：该加油了，去机场的路上有加
油站吗？
男：有，你放心吧。
问：男的主要是什么意思？

现在开始第11题：

11. 男：姐，洗手间的地上怎么都是水？
7-11 女：我刚才给小狗洗澡了，还没来得及
收拾。你小心点儿啊。
问：女的刚才在做什么？

12. 女：师傅，到植物园大概还要多久啊？
7-12 男：要是路上不堵车，一个小时就能到。
问：男的最可能是做什么的？

13. 男：下一个就是我了，我突然有些紧
7-13 张。
女：没事，放松点儿。像平时练习时那
样就可以。
问：男的现在心情怎么样？

14. 女：我看见我们办公室的王教授了。我
7-14 过去打声招呼。
男：好。我在这儿等你。
问：女的要跟谁打招呼？

15. 男：你穿得这么正式，是要去哪儿？
7-15 女：去深圳出差，参加一个贸易交流
会。
问：女的为什么穿得很正式？

16. 女：你怎么也在医院？身体不舒服？
7-16 男：不是，我奶奶突然牙疼。我陪她来
检查一下。
问：男的为什么来医院？

17. 男：喂，你在哪儿呢？我忘带钥匙了。
7-17 女：我在对面的超市呢。正好我买了一
箱矿泉水，你来接我一下吧。
问：男的怎么了？

18. 女：小李，我给你介绍个女朋友吧，说
7-18 说你有什么要求？
男：我……我喜欢活泼可爱的女孩子。
问：男的觉得哪种女孩子比较好？

19. 男：晚上有什么特别的事吗？跟我们去
7-19 　　打网球吧！

女：不了，我爸今天过生日，家里来了
　　一些爸爸的朋友，我得回去帮忙。

问：今天是谁过生日？

20. 女：发生什么事了？前面怎么这么多
7-20 　　人？还有很多记者和警察呢。

男：听同事说这儿晚上有演出，邀请了
　　不少名人。

问：前面为什么有很多人？

21. 男：真不好意思，明天我得加班，不能
7-21 　　陪你去购物了。

女：既然如此，我们只好下周再去了，
　　没什么大不了的。

问：男的为什么不去购物了？

22. 女：真后悔，昨天没报羽毛球班。现在
7-22 　　人都报满了。

男：没事，你可以下学期再报。

问：女的后悔什么？

23. 男：这个酸辣面如果能再辣点儿就更好
7-23 　　吃了。

女：再辣点儿？你真厉害，我眼泪都快
　　要辣出来了。

问：女的怎么了？

24. 女：你们今天的会开得怎么样？那条方
7-24 　　案通过了吗？

男：通过了。大家一致同意招聘会延
　　期，从5月12号开始。

问：大家希望什么时候举行招聘会？

25. 男：今天理发的人真多，估计至少得等
7-25 　　两个小时。

女：那咱们先去逛逛吧，晚点儿再过
　　来。

问：女的建议怎么做？

第三部分

一共20个题，每题听一次。

例如：男：把这个材料复印五份，一会儿
　　　拿到会议室发给大家。

女：好的。会议是下午三点吗？

男：改了。三点半。推迟了半个小
　　时。

女：好。602会议室没变吧？

男：对，没变。

问：会议几点开始？

现在开始第26题：

26. 女：听说你大学三年级的时候就开始在
7-26 　　公司工作了？

男：是的，这让我积累了较为丰富的工
　　作经验。

女：这样做不会影响你的学习吗？

男：我认为实际工作能让我更好地理解
　　书本上的知识。

问：男的对参加工作怎么看？

27. 男：您过来时一切都顺利吧？
7-27 女：顺利。航班很准时，就是有点儿累。
    男：那我先带您去酒店休息，我六点再来接您去吃晚餐。
    女：好的。麻烦了。
    问：关于女的，可以知道什么？

28. 女：先生，您好！您的座位在这儿。
7-28 男：谢谢，请把菜单给我。
    女：给您！这些都是我们的特色菜。
    男：我不吃羊肉，我再看看其他的菜吧。
    问：关于男的，可以知道什么？

29. 男：你穿这条连衣裙，看起来又高又瘦，真好看。
7-29 女：真的吗？太好了。你说我穿哪个颜色好呢？
    男：这条黄的就很漂亮，不过白的也不错。
    女：那我再试试白的，两条比一比。
    问：女的是什么意思？

30. 女：怎么回事？你怎么不开灯？
7-30 男：我也是刚进门，刚发现灯不亮。是不是停电了？
    女：应该不会。邻居家的灯都亮着呢。
    男：那就是灯坏了。
    问：根据对话，下列哪个正确？

31. 男：有时间的话，欢迎你来我这儿玩儿。
7-31 女：好的，不过这几天可能去不了，最近事情比较多。
    男：没问题，你最近忙什么呢？
    女：快放寒假了，学校组织老师们去九寨沟旅游。
    问：男的邀请女的做什么？

32. 女：你的感冒不是很严重，我先给你打一针，然后再开点儿药。
7-32 男：好，还有其他要注意的吗？
    女：你得好好儿休息，别总熬夜。
    男：好的。谢谢您，大夫。
    问：医生建议男的怎么做？

33. 男：你平时喜欢听什么音乐？
7-33 女：流行的、民族的我都爱听。有时也听听京剧。
    男：你还喜欢听京剧？
    女：对。其实京剧很有意思，可惜我不能完全听懂，我想以后专门去学。
    问：关于女的，下列哪个正确？

34. 女：您好！有什么可以帮您的？
7-34 男：我想约辆车。今晚七点从国际饭店出发，去首都机场。
    女：好的。请您留个手机号码，司机会直接跟您联系的。
    男：好。
    问：男的要去哪儿？

35. 男：今天小王有什么高兴的事儿啊？
7-35 女：他刚搬了新家，晚上要请同事们去家里吃饭，顺便看看他的新房子。
    男：是吗？他家附近的环境怎么样？
    女：环境不错，很安静。离地铁站也很近，走路只要5分钟。
    问：小王怎么了？

第 36 到 37 题是根据下面一段话：

7-36
　　我跟班里的留学生交流过。他们表示学习汉语最大的困难就是写汉字。往往是认识这个字，可提起笔来却忘了怎么写。我建议他们养成用汉语写日记的习惯。这对他们记住汉字会有很大帮助。后来他们告诉我这个办法确实很有效。

36. 学生觉得学汉语时哪方面最难？

7-37

37. 学生认为那个方法怎么样？

7-38

第 38 到 39 题是根据下面一段话：

7-39
　　当一个人在听一只小鸟的叫声时，会觉得很好听，尽管他完全听不懂小鸟在唱的是什么。当一个人在看一件艺术品时，可能他看来看去都看不懂表达的是什么，但是还是觉得好看。其实在人们不懂什么是美时，美一直都在，美不会因为人们的不懂而改变。

38. 关于小鸟，可以知道什么？

7-40

39. 美有什么特点？

7-41

第 40 到 41 题是根据下面一段话：

7-42
　　人在不同情况下，可能有不同的性格。例如，有些人在不认识的人面前非常安静，但在朋友面前却十分活泼。这是因为跟熟悉的人在一起，人们比较放松，说话、做事会更自然。

40. 有些人在不认识的人面前是什么样子？

7-43

41. 为什么和熟悉的人在一起会更自然？

7-44

第 42 到 43 题是根据下面一段话：

7-45
　　我同意降低门票价格。门票价格降低后，门票收入好像会减少，可是来这儿的游客可能因此而增加，实际上总的收入是增加的。所以我觉得有必要降低门票价格来吸引更多的游客。

42. 说话人对降低门票价格是什么态度？

7-46

43. 说话人最可能在哪儿工作？

7-47

第 44 到 45 题是根据下面一段话：

7-48
　　刚开始工作的时候，工作就是我生活的全部，我对自己要求非常高，把输赢看得很重，所以当时压力特别大。自从一场大病以后，我发现真正重要的是积极、健康的生活态度。工作并不是全部，偶尔给自己放个假，去做一些感兴趣的事情吧！

44. 说话人压力特别大是因为什么？

7-49

45. 这段话主要谈的是什么？

7-50

　　　　　　　　　　　　听力考试现在结束。

정답

듣기

1. X	2. √	3. √	4. X	5. √	6. √	7. X	8. √	9. X	10. X
11. C	12. A	13. D	14. D	15. A	16. B	17. D	18. B	19. B	20. D
21. A	22. D	23. C	24. C	25. C	26. B	27. A	28. D	29. D	30. B
31. A	32. A	33. D	34. B	35. C	36. D	37. D	38. C	39. B	40. D
41. D	42. B	43. C	44. B	45. D					

독해

46. B	47. C	48. F	49. E	50. A	51. D	52. A	53. F	54. E	55. B
56. ACB		57. CBA		58. ABC		59. BCA		60. BCA	
61. ABC		62. BAC		63. BCA		64. BAC		65. BCA	
66. C	67. A	68. C	69. A	70. D	71. C	72. A	73. D	74. A	75. D
76. D	77. D	78. D	79. D	80. D	81. C	82. D	83. A	84. C	85. C

쓰기

86. 你还需要提供一份总结材料。

87. 盒子里面有一块儿手表。

88. 吃药没有打针效果好。

89. 我孙子是去年冬天出生的。

90. 难道你连这条新闻都没听说?

91. 学校把通知书寄出去了。

92. 这次降雪的影响范围特别大。

93. 请按从上到下的顺序回答这些问题。

94. 那位著名的作家深受大家的喜爱。

95. 他对孩子的要求太严格。

96. 对不起, 这里禁止抽烟。/ 为了您和他人的健康, 请不要抽烟。

97. 他乘坐飞机去中国出差。/ 公司派他去美国出差。

98. 他坐在沙发上玩儿电脑。/ 周末下午, 他坐在沙发上工作。

99. 我昨天晚上没睡好, 现在太困了。/ 这几天一直加班, 他困得要死。

100. 材料都在这里, 你再仔细找一找。/ 我仔细找过了, 可是没找到。

녹음 대본

(音乐，30秒，渐弱)

大家好！欢迎参加HSK (四级) 考试。
大家好！欢迎参加HSK (四级) 考试。
大家好！欢迎参加HSK (四级) 考试。

HSK (四级) 听力考试分三部分，共45题。
请大家注意，听力考试现在开始。

第一部分

一共10个题，每题听一次。

例如：我想去办个信用卡，今天下午你有时间吗？陪我去一趟银行？

　　★ 他打算下午去银行。

　　现在我很少看电视，其中一个原因是，广告太多了，不管什么时间，也不管什么节目，只要你打开电视，总能看到那么多的广告，浪费我的时间。

　　★ 他喜欢看电视广告。

现在开始第1题：

1. 你收到小刘的短信了吗？他在前面银行门口等大家，让咱们买完矿泉水，就去那儿找他。

　　★ 小刘去银行取钱。

2. 您放心，只要是在我店购买的家具，无论价钱多少，无论您家离这儿多远，我们都将为您提供免费送货上门服务。

　　★ 那家店免费为顾客送家具。

3. 感谢各位爸爸妈妈抽空参加这次家长会。希望大家借这次机会了解孩子们最近的学习情况，帮助孩子更好地进步。

　　★ 他们现在在学校。

4. 你别跟我开玩笑了，我从来没学过网球，怎么去比赛啊！你去问问小王吧，他很喜欢打网球。

　　★ 他想参加网球比赛。

5. 和森林一样，在海洋里也生活着很多动植物，它们共同构成了一个多彩的世界。

　　★ 海洋和森林一样有许多动植物。

6. 春天天气时冷时热，容易感冒，大夫提醒人们要注意室内空气质量，早上起床后应该马上打开窗户换换空气，如果感冒了，要及时去看医生。

　　★ 春天容易感冒。

7. 去面试的时候，衣服要穿得正式一些，不能太随便。穿戴随便表示你对面试官不尊重，这样不会给他留下好印象。

　　★ 面试时必须准时到。

8. 足球受到很多人的欢迎。世界杯赛不但吸引了很多观看者，也吸引了许多商家。那些商家相信通过赛场上的广告，能使更多的人了解他们。

　　★ 世界杯吸引了很多商家。

9. 有能力的人可以把很难的事情变容易，
   但是没能力的人却经常把容易的事情变
   难，这就是这两种人的不同之处。

   ★ 没能力的人没有责任心。

10. 在广州无论男女几乎个个都瘦。专家
    说，主要的原因在于他们爱喝茶的习
    惯，在广州随时随处都可见到喝茶的
    人。

    ★ 喝茶跟减肥没有任何关系。

第二部分

一共 15 个题，每题听一次。

例如：女：该加油了，去机场的路上有加
         油站吗？
      男：有，你放心吧。
      问：男的主要是什么意思？

现在开始第 11 题：

11. 男：你那儿有大一点儿的信封吗？这个
       有点儿小。
    女：稍等一下，我发完这个电子邮件就
       帮你找。
    问：男的让女的做什么？

12. 女：喂，你中午几点到？我请个假，去
       机场接你。
    男：不用专门来接我，我行李不多。放
       心吧，晚上见。
    问：男的是什么意思？

13. 男：看这些照片是不是回忆起了很多大
       学时的情景？
    女：是啊。你看这张，当时咱班得了排
       球比赛第一名，大家笑得多开心
       啊！
    问：他们正在做什么？

14. 女：真没想到在这儿能遇到你。我记得
       你不喜欢逛街啊！
    男：没办法！明天要去出差，可是我还
       没有行李箱呢！
    问：男的现在可能在哪儿？

15. 男：你是法律专业的？将来想当律师
       吗？
    女：我原来是这样想的，不过后来我才
       发现自己对教育更感兴趣。也许我
       会成为一名教授。
    问：关于女的，下列哪个正确？

16. 女：你对李小姐的印象怎么样？
    男：她长得很美，身材也不错。就是性
       格跟我不太合适。
    问：男的认为李小姐怎么样？

17. 男：今天吃得太快了，肚子有点儿不舒
       服。
    女：喝点儿热水可能会好一些。
    问：男的怎么了？

18. 女：活动已经结束了吧？孩子怎么还要
       去参观？
    男：我已经跟他说了，但他非去不可。
    问：关于孩子，可以知道什么？

19. 男：我一点儿基础也没有，能报这个钢
8-19　　琴班吗？

　　女：这是提高班，不过我们还有零基础
　　　　班，你可以考虑一下。

　　问：男的想学什么？

20. 女：我今天做的红烧鱼怎么样，你尝了
8-20　　吗？

　　男：还可以，鱼肉很鲜，不过汤再咸一
　　　　点儿就更好了。

　　问：男的觉得鱼怎么样？

21. 男：你的英语发音真清楚！
8-21

　　女：我以前是幼儿园的英语老师，专门
　　　　教孩子英语。

　　问：女的原来的职业是什么？

22. 女：王经理让我转告你，他给你发了个
8-22　　电子邮件，让你查收。

　　男：我正要看呢，太奇怪了，一直说我
　　　　的邮箱密码有错，没错啊。

　　问：男的为什么感到奇怪？

23. 男：怎么又买这么多巧克力和蛋糕？难
8-23　　道你放弃减肥了？

　　女：减了一个月也没有瘦下来，我实在
　　　　失去信心了。

　　问：女的是什么意思？

24. 女：这件大衣脏死了，一起扔洗衣机里
8-24　　洗洗吧。

　　男：等一下，我把口袋里的东西拿出
　　　　来。

　　问：男的接下来要做什么？

25. 男：要是您不介意的话，我想抽一支
8-25　　烟，可以吗？

　　女：对不起，这里禁止吸烟，门口那儿
　　　　有间吸烟室，你去那儿抽吧。

　　问：根据对话，可以知道什么？

第三部分

一共20个题，每题听一次。

例如：男：把这个材料复印五份，一会儿
　　　　　拿到会议室发给大家。

　　　女：好的。会议是下午三点吗？

　　　男：改了。三点半。推迟了半个小
　　　　　时。

　　　女：好。602会议室没变吧？

　　　男：对，没变。

　　　问：会议几点开始？

现在开始第26题：

26. 女：您好。我们想到河对面去。周围哪
8-26　　儿有桥啊？

　　男：桥还没修好呢，只能坐船过去。

　　女：在哪儿坐船？

　　男：往前走，大约五百米，就能看见。

　　问：根据对话，下列哪个正确？

27. 男：你好！我想要一本适合小学生看的
8-27　　故事书，有吗？

　　女：我查一下。对不起，您要的这种故
　　　　事书已经卖完了。

　　男：那在哪儿能买得到？

　　女：您可以去中山路的新华书店，那儿
　　　　一定有。

　　问：男的想要什么样的书？

28. 女：您女儿要考大学了吧？
8-28

　　男：我正想问问你呢！你说让她报个什
　　　　么专业好呢？国际营销怎么样？

　　女：这关键还是要看孩子自己的想法。

　　男：也对，那我再回去跟她商量商量。

　　问：女的是什么看法？

29. 男：听说你很小就开始写日记了。
8-29

　　女：是。开始是老师让我们写，写每天
　　　　发生的有趣的事。后来就成习惯
　　　　了。

　　男：你认为写日记有什么好处？

　　女：能给我记录一些美好的回忆。

　　问：女的认为写日记有什么优点？

30. 女：电影院到底是不是在这边啊？怎么
8-30　　还没到啊？

　　男：方向肯定没错，估计再走几分钟就
　　　　到了。

　　女：你快点儿开！再晚了就来不及了。

　　男：别担心，大不了迟到几分钟。

　　问：女的现在心情怎么样？

31. 男：你看起来很困，昨晚没休息好？
8-31

　　女：对。做了一晚上梦，五点就醒了。

　　男：那今天还去爬长城吗？

　　女：去。好不容易有机会一起去玩儿。

　　问：关于女的，下列哪个正确？

32. 女：你一个人对着电脑笑什么？
8-32

　　男：我刚才看了一个笑话，你看看，笑
　　　　得我肚子都疼了。

　　女：这么好笑吗？我也看看。

　　男：你也觉得很好笑的话，就给咱班每
　　　　个同学都发一下。

　　问：他们可能是什么关系？

33. 男：经理，这几份报告什么时候给您？
8-33

　　女：不急是不急，但是尽量在下周五之
　　　　前给我。

　　男：没问题，我肯定会提前完成的。

　　女：那样更好。

　　问：经理什么时候要那几份报告？

34. 女：好久不见，最近在忙什么呢？
8-34

　　男：我在办签证，准备出国。

　　女：你妈妈不是一直不让你去留学吗？
　　　　怎么突然同意了呢？

　　男：你误会了。我是去旅游。

　　问：男的为什么要出国？

35. 男：你们俩真的是亲姐妹呀！
8-35

　　女：对。不像吗？

　　男：细看的话，眼睛和嘴都挺像的。

　　女：别人也这么说。不过我妹妹性格比
　　　　我内向。

　　问：关于她妹妹，可以知道什么？

第 36 到 37 题是根据下面一段话:

8-36

我爸和我妈是大学教授，现在我又在他们那个学校里读研究生。可以说我和他们既是儿子和父母的关系，又是师生关系。在家里，我常和我爸爸开玩笑，叫他张教授。

36. 说话人在学校做什么？

8-37

37. 关于说话人，可以知道什么？

8-38

第 38 到 39 题是根据下面一段话:

8-39

北方人过春节喜欢吃饺子，除了饺子味道鲜美以外，还因为人们忙了一整年，平时很少交流，而过年时全家人聚在一起包饺子是个很好的交流机会。此外，也跟北方的气候相关，北方比南方寒冷，吃热饺子让人感觉很暖和、很舒服。

38. 北方人过年有什么习惯？

8-40

39. 说话人认为北方的气候怎么样？

8-41

第 40 到 41 题是根据下面一段话:

8-42

一个人最少要在感情上失恋一次，在事业上失败一次，在选择上失误一次，才能长大。但是失败来得越早越好，要是三十岁、四十岁之后再经历失败，有些事，很可能就来不及了。

40. 说话人觉得什么很重要？

8-43

41. 这段话主要告诉我们什么？

8-44

第 42 到 43 题是根据下面一段话:

8-45

生活是什么？不同的人有不同的看法。有人说生活是一杯美式咖啡，越喝越香；有人说，生活是一块巧克力，甜中有苦；有人说，生活是一块圆面包，最中间的部分是最好吃的，然而并不是每个人都能吃到。生活到底是什么？可能我们每个人都有自己的答案。

42. 这段话谈的是什么？

8-46

43. 圆面包有什么特点？

8-47

第 44 到 45 题是根据下面一段话:

8-48

人与人相处是没有绝对诚实的。有些人说自己从来不说假话，这句话本身就一定是假话。很多时候，假话更能促进友情和爱情。只要它是善意的，不伤害别人的，就是美丽的假话。

44. 假话有什么作用？

8-49

45. 根据这段话，下列哪个正确？

8-50

听力考试现在结束。

01 02 03 04 05 06 07 08 09 10

맛있는 중국어
HSK 4급 **1000**제

정답

듣기

1. X	2. X	3. X	4. √	5. √	6. √	7. √	8. √	9. X	10. X
11. B	12. D	13. D	14. D	15. A	16. D	17. D	18. A	19. C	20. C
21. A	22. B	23. D	24. C	25. B	26. B	27. C	28. D	29. B	30. D
31. A	32. D	33. B	34. A	35. B	36. B	37. D	38. A	39. A	40. B
41. C	42. D	43. C	44. A	45. A					

독해

46. F	47. A	48. C	49. E	50. B	51. A	52. B	53. E	54. F	55. D
56. BAC		57. ACB		58. BAC		59. ABC		60. CBA	
61. BCA		62. CBA		63. CAB		64. ACB		65. BCA	
66. D	67. A	68. C	69. D	70. B	71. D	72. D	73. B	74. D	75. D
76. C	77. A	78. C	79. C	80. A	81. B	82. D	83. C	84. A	85. A

쓰기

86. 这朵云好像一只可爱的小猫。

87. 我羡慕很会讲笑话的人。

88. 公司职员在机场进行了调查。

89. 他的工资是我的两倍。

90. 这双皮鞋是父亲给我的。

91. 那部电影的女主角很有名。

92. 这些家具符合国家标准吗?

93. 把香蕉皮放到塑料袋里。

94. 所有的植物都离不开太阳。

95. 这场羽毛球赛快要结束了。

96. 她一边照镜子一边打扮。/ 她总是把自己打扮得漂漂亮亮的。

97. 我从小就开始写日记。/ 每天晚上写日记是我的习惯。

98. 听到那个消息以后, 她很激动。/ 她通过了面试, 所以很激动。

99. 她只学了一年汉语, 但是说得很流利。/ 她汉语说得像中国人一样流利。

100. 他们正在讨论明年的计划。/ 他们已经讨论了半天了, 但是还没想到办法。

09회

모의고사

녹음 대본

(音乐，30秒，渐弱)

大家好！欢迎参加HSK (四级) 考试。
大家好！欢迎参加HSK (四级) 考试。
大家好！欢迎参加HSK (四级) 考试。

HSK (四级) 听力考试分三部分，共45题。
请大家注意，听力考试现在开始。

第一部分

一共10个题，每题听一次。

例如：我想去办个信用卡，今天下午你有时间吗？陪我去一趟银行？

　　★ 他打算下午去银行。

　　现在我很少看电视，其中一个原因是，广告太多了，不管什么时间，也不管什么节目，只要你打开电视，总能看到那么多的广告，浪费我的时间。

　　★ 他喜欢看电视广告。

现在开始第1题：

1. 马上就硕士毕业了。大家将来天南地北
9-01 的，很难再聚在一起。下午照完毕业照后，我们吃个饭，聚聚吧。

　　★ 他毕业很多年了。

2. 我住的地方离地铁站比较远，走路至少
9-02 要半个小时。我早就想搬家了，但是一直没找到合适的房子，所以暂时还得在这儿住一段时间。

　　★ 他找到了合适的房子。

3. 哥哥，咱们走错路了。去西边的公共汽
9-03 车应该在对面坐，正好前面有个地下通道，我们从那儿过马路吧。

　　★ 他们要坐地铁。

4. 小李，麻烦你和司机说一声，我的手机
9-04 忘在房间里了，要回去拿一下，让他在门口等我几分钟，我马上就来。

　　★ 司机在门口。

5. 抱歉，这张表格您填得有问题，请等一
9-05 等，我再拿一张新的给您，请您重新填写一下。

　　★ 表格填写错了。

6. 我母亲是教师，父亲是警察，我的性格
9-06 很像我母亲，我最大的理想就是成为母亲那样的教师。

　　★ 在他心里母亲是一位优秀的教师。

7. 喂？我今天刚从北京出差回来，现在在
9-07 机场等着取行李呢！等我到家以后再给你打电话，好吗？

　　★ 他刚下飞机。

8. 第一印象，是指在第一次见面时给别
9-08 人留下的印象。第一印象往往是最难忘的，而且也不容易改变。

　　★ 第一印象不容易忘记。

9. 父母应该经常陪孩子一起做游戏。这样
9-09 不仅可以增进父母和孩子之间的感情，
而且可以暂时缓解父母的工作压力。

★ 孩子要少玩儿游戏。

10. 小张，你这个想法不错，但是我们从来
9-10 没有这样做过。会不会有风险？这样
吧，我们先做个市场调查再决定。

★ 小张的市场调查做得很好。

第二部分

一共 15 个题，每题听一次。

例如：女：该加油了，去机场的路上有加
油站吗？
男：有，你放心吧。
问：男的主要是什么意思？

现在开始第 11 题：

11. 男：这件事让小刘负责怎么样？
9-11 女：我觉得挺好的，他的工作能力不
错，做事也很认真。
问：女的觉得小刘怎么样？

12. 女：你干什么去了？怎么弄得满头大
9-12 汗？
男：我刚去踢足球了。快给我拿条毛巾
吧。
问：男的让女的帮忙做什么？

13. 男：我已经出发了，你跟儿子半个小时
9-13 以后在公园正门等我。
女：好的，你换公共汽车的时候看清楚
了，别像上次一样又坐错了车。
问：男的怎么去？

14. 女：小伙子，这条裙子也打五折吗？
9-14 男：对。打完折正好两百。现在买非常
合适。
问：男的最可能是做什么的？

15. 男：这件衣服挺好看的！你穿上看看！
9-15 女：这件不适合我。再去前面看看别的
吧。
问：女的觉得衣服怎么样？

16. 女：累死了，我真的跑不动了，我们先
9-16 休息一会儿吧。
男：你才跑了几分钟而已，要坚持，最
少再跑十分钟。
问：男的是什么意思？

17. 男：我的英语口语还这么差，怎么能提
9-17 高水平呢？
女：除了要多听以外，更重要的是要多
开口，千万不要怕说错。
问：女的建议怎么做？

18. 女：都十二点了，你怎么还在睡懒觉？
9-18 男：晚上看世界杯足球比赛看到半夜，
再说这不是周末嘛，要不哪能睡到
现在？
问：根据对话，可以知道什么？

19. 男：你为什么喜欢小张，他不是长得不
9-19 太好看吗？
女：可是他很幽默，约会的时候很有意
思。
问：女的喜欢什么样的人？

20. 女：两斤鸡蛋十块五，一斤鸭蛋六块，
9-20
　　　一共是十六块五。
　　男：给你20块钱。
　　问：该找给男的多少钱?

21. 男：周末在国际体育馆举行决赛，你也
9-21
　　　一起去吗?
　　女：20多个人只围着一个球踢来踢去
　　　的，那有什么意思啊!
　　问：女的是什么意思?

22. 女：小李，我要去办出国手续，需要准
9-22
　　　备什么材料?
　　男：我也不太清楚，我有领事馆的电话
　　　号码，你打电话问问吧。
　　问：关于女的，可以知道什么?

23. 男：为什么星期六也要加班?
9-23
　　女：还不是为了春节的假期能多放几
　　　天。
　　问：他们为什么星期六工作?

24. 女：喂，我在书店入口这儿呢! 你怎么
9-24
　　　还没到?
　　男：我对路不太熟悉。好了，我看到你
　　　了，很快就到。先挂了。
　　问：他们打算在哪儿见面?

25. 男：去故宫玩儿的同学们，请明天到学
9-25
　　　校正门口集合，八点出发。
　　女：明天我们参观多长时间? 几点左右
　　　能回来?
　　问：女的关心什么?

第三部分

一共20个题，每题听一次。

例如：男：把这个材料复印五份，一会儿
　　　　拿到会议室发给大家。
　　　女：好的。会议是下午三点吗?
　　　男：改了。三点半。推迟了半个小
　　　　时。
　　　女：好。602会议室没变吧?
　　　男：对，没变。
　　　问：会议几点开始?

现在开始第26题：

26. 女：学习半天了，起来活动活动。
9-26
　　男：好，坐久了确实有些难受。
　　女：今天天气不错，外面很凉快，我们
　　　出去散散步吧!
　　男：行，我顺便买杯咖啡。
　　问：今天天气怎么样?

27. 男：老婆，照片上的这个人是谁啊?
9-27
　　女：我的大学同学小李，他参加过我们
　　　的婚礼。
　　男：是吗? 怪不得我好像在哪儿见过。
　　女：你不会以为他是我以前的男朋友
　　　吧?
　　问：女的和小李是什么关系?

28. 女：把这些衣服、袜子都收拾收拾，别
9-28
　　　乱放东西。
　　男：知道了。
　　女：房间打扫完了吗?
　　男：没呢。我先做菜，一会儿再打扫。
　　问：根据对话，可以知道什么?

29. 男：咱们别到处找了，就在附近随便找
9-29　　 一个吃就行了。

女：这附近的既不干净，味道也差。

男：那么咱们去南江路那儿的吧。虽然
　　 价格挺贵的，但是环境还不错。

女：好，就这么决定吧。

问：他们在找什么地方？

30. 女：你好！请问，王老师在吗？
9-30

男：他不在，他上课去了。

女：那他什么时候回来呢？

男：还得两个小时才下课。

问：王老师做什么去了？

31. 男：你研究生考试考得怎么样？
9-31

女：政治可能考得不太理想。

男：大家都觉得题挺难的，你复习了那
　　 么长时间了，肯定能考上。

女：谢谢，五号成绩就出来了，到时候
　　 就知道了。

问：成绩什么时候出来？

32. 女：你的感冒怎么一直没好？去医院检
9-32　　 查检查吧。

男：没关系，不是很严重，多休息休息
　　 就好了。

女：可你休息了一个星期也没好多少。

男：不是的，我跟你说，其实我一直在
　　 家工作了。

问：男的感冒为什么没好？

33. 男：复习得怎么样了？
9-33

女：材料这么多，我恐怕看不完了。

男：来得及，复习要注意方法，要复习
　　 重点内容。

女：没办法，只好这样了，这些内容太
　　 难了。

问：男的认为应该怎么复习？

34. 女：我们去对面的商店看看吧。
9-34

男：我真是受不了你了，你到底还要逛
　　 几家店？

女：我们才逛了五家店。

男：时间过得真慢，再也不想和你逛街
　　 了，比上班还累。

问：男的现在是什么感觉？

35. 男：奇怪！在哪儿呢？怎么找不到了！
9-35

女：你这个马大哈！又找不到什么了？

男：眼镜。我明明放在桌子上了。

女：不用到处找了。我刚才还看到了
　　 呢，你放在床上了。

问：男的在找什么？

第36到37题是根据下面一段话：
9-36
　　 王女士，看您平时常来理发，我觉得您
可以办张年卡。这样以后理发都打八五折，
而且现在办卡正好赶上我们春节的活动，还
能送您一份节日大礼包。您考虑一下。

36. 办年卡有什么好处？
9-37

37. 关于说话人，可以知道什么？
9-38

第38到39题是根据下面一段话：
9-39
　　 学习一门外语不是容易的事情。许多人
刚学的时候觉得很难，于是就不学了。但是
只要坚持下去，从最基本的东西学起，慢慢
就会发现自己的进步。这时候就会增加我们
的自信，离学好这门语言就越来越近了。

38. 很多人开始学习一种语言时会觉得怎么
9-40　 样？

39. 怎样才能学好一种语言?
9-41

第40到41题是根据下面一段话:
9-42

　　大部分人觉得八小时睡眠是健康之道。但根据调查报告，每天睡七小时的人长寿率最高。调查结果还说明睡眠时间受到性别、年龄、季节的变化等影响，所以并不一定每人要睡一样的时间，最重要的是，选择适合自己的睡眠时间。

40. 人们一般认为最好睡多长时间?
9-43

41. 下面哪个不影响睡眠时间?
9-44

第42到43题是根据下面一段话:
9-45

　　我曾经是一个对自己失望、对生活失望的人。但是热心的人们帮助了我，告诉我生活的意义，我才知道自己能做什么、应该做什么。现在我每天给没有钱上学的孩子们免费讲课，看到他们一天天懂事了，我的心里非常高兴。

42. 说话人以前是个什么样的人?
9-46

43. 说话人现在在做什么事情?
9-47

第44到45题是根据下面一段话:
9-48

　　现在建立一个网站变得非常容易。不光许多公司有网站，而且很多人都有自己的网站，访问各种各样的网站已经成为人们生活的一部分，网站极大地丰富了现代人的精神生活。

44. 关于网站，下列哪个正确?
9-49

45. 说话人对网站是什么态度?
9-50

听力考试现在结束。

정답

듣기

1. √	2. √	3. X	4. X	5. √	6. X	7. √	8. X	9. X	10. √
11. C	12. D	13. A	14. D	15. D	16. A	17. D	18. A	19. D	20. B
21. C	22. C	23. C	24. A	25. C	26. D	27. D	28. D	29. C	30. A
31. A	32. B	33. D	34. D	35. A	36. D	37. B	38. B	39. C	40. B
41. B	42. A	43. D	44. D	45. B					

독해

46. A	47. E	48. C	49. F	50. B	51. B	52. A	53. E	54. F	55. D
56. ABC		57. CAB		58. BAC		59. ACB		60. BCA	
61. CBA		62. CAB		63. ABC		64. BAC		65. CAB	
66. C	67. B	68. C	69. C	70. D	71. D	72. B	73. B	74. D	75. A
76. D	77. C	78. A	79. D	80. B	81. A	82. D	83. D	84. C	85. A

쓰기

86. 那个演员激动得睡不着觉。

87. 这座城市决定增加公共汽车的数量。

88. 没有人知道他反对的原因。

89. 报名人数不能低于10人。

90. 一个合格的律师最重要的条件就是要有责任感。

91. 真希望天气继续暖和下去。

92. 他被邻居的吵闹声惊醒了。

93. 参观的人数比前年增长了百分之三十。

94. 我已经渐渐适应了这里的生活。

95. 他的信确实让张教授很感动。

96. 他想不起来银行卡的密码。/ 我觉得刷卡时需要密码很麻烦。

97. 他每个月都去一次理发店。/ 他每次理发的时候都想睡觉。

98. 我的理想是当一名护士。/ 她是一名很有责任感的护士。

99. 你收到我们发的传真了吗?/ 公司的打印机坏了,收不了传真。

100. 比赛的结果让他感到很失望。/ 今天输了,他感到非常失望。

10회 녹음 대본

(音乐, 30秒, 渐弱)

大家好! 欢迎参加HSK (四级) 考试。
大家好! 欢迎参加HSK (四级) 考试。
大家好! 欢迎参加HSK (四级) 考试。

HSK (四级) 听力考试分三部分, 共45题。
请大家注意, 听力考试现在开始。

第一部分

一共10个题, 每题听一次。

例如: 我想去办个信用卡, 今天下午你有时间吗? 陪我去一趟银行?

★ 他打算下午去银行。

现在我很少看电视, 其中一个原因是, 广告太多了, 不管什么时间, 也不管什么节目, 只要你打开电视, 总能看到那么多的广告, 浪费我的时间。

★ 他喜欢看电视广告。

现在开始第1题:

1. 对大学生来说, 工作是一件让人兴奋的事, 因为我们就要开始新的生活。工作也是一件让人难过的事, 许多平常在一起的同学以后见面的次数会变得很少。
10-01

★ 工作让人又兴奋又难过。

2. 小王, 我明天有事不能去陪小李买衣服了。麻烦你帮我转告一下小李, 顺便替我说声对不起。
10-02

★ 他想让小王帮个忙。

3. 有很多不良的生活习惯, 会对健康产生影响。例如吃了东西就躺着睡觉、不爱运动、晚上不开灯看电视或者玩儿电脑等等。
10-03

★ 开灯看电视影响健康。

4. 马经理这几天去上海出差了, 现在不在公司。你如果有什么紧急的事情找他, 就打他的手机。
10-04

★ 马经理不在上海。

5. 我家刚搬到了郊区, 上下班要坐两个小时的车。但是这里有山, 有水, 环境十分优美, 我每天回到家里都觉得很舒服。
10-05

★ 他的房子离上班的地方比较远。

6. 小时候他梦想自己将来成为一名医术高超的医生, 长大后他却成了一名优秀的教师, 用自己的专业知识来教导学生。
10-06

★ 他现在是医生。

7. 有人请客时, 最好不要直接拒绝他的邀请。要是不得不拒绝时, 可以告诉他"我有事不能去", 但是一定要感谢他的邀请。并告诉他, 下次有机会一定会去的。
10-07

★ 不要直接拒绝别人的邀请。

8. 早上起床后，你可以一边刷牙洗脸，一边听中文广播。这样既能提高汉语水平，还能顺便了解一下中国。

　　★ 中文广播很难听得懂。

9. 今天我带儿子去动物园玩儿。儿子一看到小猴子就高兴得不得了，非要带一只猴子回家不可，最后都哭了。

　　★ 儿子不喜欢猴子。

10. 因为塑料袋会给环境造成污染，所以现在超市里的塑料袋不再免费提供了，购物者最好自备环保购物袋。

　　★ 超市不再提供免费塑料袋。

第二部分

一共 15 个题，每题听一次。

例如：女：该加油了，去机场的路上有加油站吗？

　　　男：有，你放心吧。

　　　问：男的主要是什么意思？

现在开始第 11 题：

11. 男：你是怎么减肥成功的？有没有什么秘诀？

　　女：少吃多运动，再加上晚上六点以后别吃东西。

　　问：女的是什么意思？

12. 女：刚才太危险了，那辆车到底怎么回事？

　　男：不知道，突然加速，可能是个新手，刚学会开车。

　　问：那辆车的司机怎么了？

13. 男：每天要按时吃药，多休息，月末再来复查一次！

　　女：明白了。谢谢医生。再见！

　　问：关于女的，可以知道什么？

14. 女：明天我要去参加新年晚会，你说我穿什么好？

　　男：明天只有朋友们参加，你想穿什么就穿什么。

　　问：男的是什么意思？

15. 男：总算到家了。快把冷气打开！真是热死了！

　　女：打开了。真希望下一场大雨，让天气凉快下来。

　　问：女的为什么希望下场大雨？

16. 女：真让人急死了，怎么到现在还不来？眼看就要起飞了。

　　男：别着急，还有半个小时呢。哦，你看，他来了。

　　问：对话最可能发生在什么地方？

17. 男：这张照片我记不住是在哪儿拍的，时间已经过了很久了！

　　女：你今晚就是不睡觉也得给我想出来。

　　问：女的是什么意思？

18. 女：这本小说这么难，什么时候才能看
10-18 　　完呢？

　　男：每天看五页，差不多一个月就能看
　　　　完。

　　女：女的认为这本书怎么样？

19. 男：每天按时吃早饭很重要，对身体有
10-19 　　好处。

　　女：爸爸，我知道，你别担心了！我一
　　　　定会按时吃的！

　　问：男的希望女的怎么做？

20. 女：那位导游对我们的态度真不错，这
10-20 　　几天我们过得很高兴。

　　男：对，她的服务态度确实挺好的。我
　　　　们真应该好好儿谢谢她。

　　问：他们打算感谢谁？

21. 男：王教授，您明天早上几点到？我去
10-21 　　机场接您。

　　女：辛苦你了，我明天早上8点40到上
　　　　海。

　　问：女的明天几点到上海？

22. 女：你的腿怎么出血了？我送你去医院
10-22 　　吧！

　　男：没关系。刚才打篮球不小心碰破了
　　　　皮，不疼。

　　问：男的怎么了？

23. 男：那箱饮料可不轻，还是我来搬吧。
10-23

　　女：真不好意思，给你添麻烦了，谢谢
　　　　你！

　　问：男的在帮女的做什么？

24. 女：今天中午我们在外面吃吧！
10-24

　　男：好。附近刚开了一家饭店，菜做得
　　　　很不错，而且比较便宜。

　　问：关于那个饭店，可以知道什么？

25. 男：请问，附近有洗手间吗？
10-25

　　女：这儿附近没有公共洗手间。你很着
　　　　急的话，可以去对面的麦当劳。

　　问：公共洗手间在哪儿？

第三部分

一共 20 个题，每题听一次。

例如：男：把这个材料复印五份，一会儿
　　　　　拿到会议室发给大家。

　　　女：好的。会议是下午三点吗？

　　　男：改了。三点半。推迟了半个小
　　　　　时。

　　　女：好。602会议室没变吧？

　　　男：对，没变。

　　　问：会议几点开始？

现在开始第 26 题：

26. 女：先生，这里禁止停车。
10-26

　　男：这里难道不是停车场吗？

　　女：不是，停车场在对面，一过马路就
　　　　到了。

　　男：好，我马上开走。谢谢你。

　　问：男的要去哪儿？

27.　男：面试进行得怎么样? 顺利吗?

10-27　女：还不错，他们问的问题都挺容易
　　　　　的，就是当时有点儿紧张。

　　　男：什么时候可以知道结果?

　　　女：过几天吧，他们说结果一出来就给
　　　　　我打电话。

　　　问：女的觉得面试怎么样?

28.　女：把橘子皮扔到垃圾桶里去，以后别

10-28　　　随便乱扔。

　　　男：知道了，奶奶。

　　　女：英语作业做完了吗?

　　　男：没呢。我想先休息一会儿，我们去
　　　　　外面散散步吧。

　　　问：根据对话，可以知道什么?

29.　男：穿红色上衣的那个小伙子是谁?

10-29　女：这学期咱们专业新来的老师，是刚
　　　　　毕业的博士。

　　　男：这么年轻啊! 他教哪门课?

　　　女：语法。

　　　问：他们在谈谁?

30.　女：今天话怎么这么少呀?

10-30　男：经理让我写篇总结，正考虑怎么写
　　　　　呢。

　　　女：总结? 关于哪方面的?

　　　男：营销方面的。

　　　问：经理让男的做什么?

31.　男：你怎么现在才来? 演唱会马上就要

10-31　　　开始了。

　　　女：对不起，我一直在楼下的入口等你
　　　　　呢，后来才想起你在售票处等我。

　　　男：我还以为你路上出了什么事情。

　　　女：我们赶快进去吧，已经来不及了。

　　　问：女的原来以为男的在哪儿等她?

32.　女：您能给我们讲一些您的社会经验

10-32　　　吗?

　　　男：我认为应该重视平时的积累，要多
　　　　　向身边的人学习。

　　　女：那您觉得您最大的优点是什么呢?

　　　男：是诚实。

　　　问：男的觉得自己怎么样?

33.　男：没想到在这儿能见到你，已经大学

10-33　　　毕业了吧?

　　　女：还没，今年6月毕业。

　　　男：以后打算去哪儿工作呢?

　　　女：还不想工作，先读完研究生再说。

　　　问：关于女的，可以知道什么?

34.　女：哥，你这儿有中国地图吗?

10-34　男：没有，你要地图做什么?

　　　女：我想看看黄河都经过了哪些省市，
　　　　　你知道吗?

　　　男：在网上一查就知道了。

　　　问：女的想了解黄河的什么?

35.　男：明天的考试有多少人参加?

10-35　女：300人左右。

　　　男：这儿的座位估计坐不下吧，要不要
　　　　　考虑换个大一点儿的教室?

　　　女：不用，其实这个教室能坐400人。

　　　问：他们在谈什么?

第36到37题是根据下面一段话:

10-36　　　音乐能影响我们的心情。当你心情很差
的时候，如果听悲伤的音乐，你的心情很容
易变得更坏。相反，如果音乐听起来轻松愉
悦，那么你也容易用积极的态度来看待困
难，同样心情也会轻松愉快起来。

36. 轻松的音乐能给我们带来什么?
10-37

37. 这段话主要谈什么?
10-38

第 38 到 39 题是根据下面一段话:
10-39

　　教育不同性格的孩子要使用不同的办法。对那些活泼的孩子,要给他们一些限制。对那些害羞的孩子,要经常鼓励他们说出自己的看法。当他们这样做了以后,一定别忘了表扬他们。这样才能让每一个孩子健康地发展。

38. 教育孩子要考虑孩子哪方面的不同?
10-40

39. 这段话主要谈什么?
10-41

第 40 到 41 题是根据下面一段话:
10-42

　　本来计划今天去爬长城的,但是现在外面雪下得太大了,爬长城比较危险。我们改变一下计划,下礼拜再去长城。今天先去森林公园吧。下雪天那里的景色挺不错的。

40. 他们原来计划今天做什么?
10-43

41. 说话人为什么要改变计划?
10-44

第 42 到 43 题是根据下面一段话:
10-45

　　在我们每个人的生活中,都做过很多后悔的事情。其实只要我们按照自己的想法去做了,就没什么可遗憾的。因为我们不可能把所有的事情都做对。再说,让我们走向成功的,往往是我们从过去做错的事情中学到的经验。面对后悔的事情,首先要在很短的时间里接受这个事实。

42. 许多人都有过怎样的经历?
10-46

43. 什么能帮助我们走向成功?
10-47

第 44 到 45 题是根据下面一段话:
10-48

　　有个女演员出名之前穿得很漂亮,朋友对她说:"你不用穿得这么漂亮。"她笑着回答:"我本来就没有名,穿得漂亮点儿可以引起别人的注意。"几年后,她出名了,穿得却很随便,朋友又提醒她,快去做件漂亮的大衣,她还是笑着回答:"现在不管我穿得多么随便,同样也会有人认识我。"

44. 那个演员之前为什么穿得很漂亮?
10-49

45. 根据这段话,下列哪个正确?
10-50

听力考试现在结束。

녹음 대본

01 02 03 04 05 06 07 08 09 10

汉语水平考试 HSK（四级）答题卡 ■

一、听力

1. [√] [×]　　6. [√] [×]　　11. [A] [B] [C] [D]　　16. [A] [B] [C] [D]　　21. [A] [B] [C] [D]
2. [√] [×]　　7. [√] [×]　　12. [A] [B] [C] [D]　　17. [A] [B] [C] [D]　　22. [A] [B] [C] [D]
3. [√] [×]　　8. [√] [×]　　13. [A] [B] [C] [D]　　18. [A] [B] [C] [D]　　23. [A] [B] [C] [D]
4. [√] [×]　　9. [√] [×]　　14. [A] [B] [C] [D]　　19. [A] [B] [C] [D]　　24. [A] [B] [C] [D]
5. [√] [×]　　10. [√] [×]　　15. [A] [B] [C] [D]　　20. [A] [B] [C] [D]　　25. [A] [B] [C] [D]

26. [A] [B] [C] [D]　　31. [A] [B] [C] [D]　　36. [A] [B] [C] [D]　　41. [A] [B] [C] [D]
27. [A] [B] [C] [D]　　32. [A] [B] [C] [D]　　37. [A] [B] [C] [D]　　42. [A] [B] [C] [D]
28. [A] [B] [C] [D]　　33. [A] [B] [C] [D]　　38. [A] [B] [C] [D]　　43. [A] [B] [C] [D]
29. [A] [B] [C] [D]　　34. [A] [B] [C] [D]　　39. [A] [B] [C] [D]　　44. [A] [B] [C] [D]
30. [A] [B] [C] [D]　　35. [A] [B] [C] [D]　　40. [A] [B] [C] [D]　　45. [A] [B] [C] [D]

二、阅读

46. [A] [B] [C] [D] [E] [F]　　51. [A] [B] [C] [D] [E] [F]
47. [A] [B] [C] [D] [E] [F]　　52. [A] [B] [C] [D] [E] [F]
48. [A] [B] [C] [D] [E] [F]　　53. [A] [B] [C] [D] [E] [F]
49. [A] [B] [C] [D] [E] [F]　　54. [A] [B] [C] [D] [E] [F]
50. [A] [B] [C] [D] [E] [F]　　55. [A] [B] [C] [D] [E] [F]

56.　　　　58.　　　　60.　　　　62.　　　　64.

57.　　　　59.　　　　61.　　　　63.　　　　65.

66. [A] [B] [C] [D]　　71. [A] [B] [C] [D]　　76. [A] [B] [C] [D]　　81. [A] [B] [C] [D]
67. [A] [B] [C] [D]　　72. [A] [B] [C] [D]　　77. [A] [B] [C] [D]　　82. [A] [B] [C] [D]
68. [A] [B] [C] [D]　　73. [A] [B] [C] [D]　　78. [A] [B] [C] [D]　　83. [A] [B] [C] [D]
69. [A] [B] [C] [D]　　74. [A] [B] [C] [D]　　79. [A] [B] [C] [D]　　84. [A] [B] [C] [D]
70. [A] [B] [C] [D]　　75. [A] [B] [C] [D]　　80. [A] [B] [C] [D]　　85. [A] [B] [C] [D]

汉 语 水 平 考 试 HSK（四级）答 题 卡

86.
_____

87.
_____

88.
_____

89.
_____

90.
_____

91.
_____

92.
_____

93.
_____

94.
_____

95.
_____

96.
_____

97.
_____

98.
_____

99.
_____

100.
_____

汉语水平考试 HSK（四级）答题卡

──请填写考生信息──

按照考试证件上的姓名填写：

姓名	

如果有中文姓名，请填写：

中文姓名	

考生序号	[0] [1] [2] [3] [4] [5] [6] [7] [8] [9]
	[0] [1] [2] [3] [4] [5] [6] [7] [8] [9]
	[0] [1] [2] [3] [4] [5] [6] [7] [8] [9]
	[0] [1] [2] [3] [4] [5] [6] [7] [8] [9]
	[0] [1] [2] [3] [4] [5] [6] [7] [8] [9]

──请填写考点信息──

考点代码	[0] [1] [2] [3] [4] [5] [6] [7] [8] [9]
	[0] [1] [2] [3] [4] [5] [6] [7] [8] [9]
	[0] [1] [2] [3] [4] [5] [6] [7] [8] [9]
	[0] [1] [2] [3] [4] [5] [6] [7] [8] [9]
	[0] [1] [2] [3] [4] [5] [6] [7] [8] [9]
	[0] [1] [2] [3] [4] [5] [6] [7] [8] [9]
	[0] [1] [2] [3] [4] [5] [6] [7] [8] [9]

国籍	[0] [1] [2] [3] [4] [5] [6] [7] [8] [9]
	[0] [1] [2] [3] [4] [5] [6] [7] [8] [9]
	[0] [1] [2] [3] [4] [5] [6] [7] [8] [9]

年龄	[0] [1] [2] [3] [4] [5] [6] [7] [8] [9]
	[0] [1] [2] [3] [4] [5] [6] [7] [8] [9]

性别	男 [1]　　　　女 [2]

注意　请用2B铅笔这样写： ■

一、听力

1. [√] [×]
2. [√] [×]
3. [√] [×]
4. [√] [×]
5. [√] [×]

6. [√] [×]
7. [√] [×]
8. [√] [×]
9. [√] [×]
10. [√] [×]

11. [A] [B] [C] [D]
12. [A] [B] [C] [D]
13. [A] [B] [C] [D]
14. [A] [B] [C] [D]
15. [A] [B] [C] [D]

16. [A] [B] [C] [D]
17. [A] [B] [C] [D]
18. [A] [B] [C] [D]
19. [A] [B] [C] [D]
20. [A] [B] [C] [D]

21. [A] [B] [C] [D]
22. [A] [B] [C] [D]
23. [A] [B] [C] [D]
24. [A] [B] [C] [D]
25. [A] [B] [C] [D]

26. [A] [B] [C] [D]
27. [A] [B] [C] [D]
28. [A] [B] [C] [D]
29. [A] [B] [C] [D]
30. [A] [B] [C] [D]

31. [A] [B] [C] [D]
32. [A] [B] [C] [D]
33. [A] [B] [C] [D]
34. [A] [B] [C] [D]
35. [A] [B] [C] [D]

36. [A] [B] [C] [D]
37. [A] [B] [C] [D]
38. [A] [B] [C] [D]
39. [A] [B] [C] [D]
40. [A] [B] [C] [D]

41. [A] [B] [C] [D]
42. [A] [B] [C] [D]
43. [A] [B] [C] [D]
44. [A] [B] [C] [D]
45. [A] [B] [C] [D]

二、阅读

46. [A] [B] [C] [D] [E] [F]
47. [A] [B] [C] [D] [E] [F]
48. [A] [B] [C] [D] [E] [F]
49. [A] [B] [C] [D] [E] [F]
50. [A] [B] [C] [D] [E] [F]

51. [A] [B] [C] [D] [E] [F]
52. [A] [B] [C] [D] [E] [F]
53. [A] [B] [C] [D] [E] [F]
54. [A] [B] [C] [D] [E] [F]
55. [A] [B] [C] [D] [E] [F]

56.　　　58.　　　60.　　　62.　　　64.

57.　　　59.　　　61.　　　63.　　　65.

66. [A] [B] [C] [D]
67. [A] [B] [C] [D]
68. [A] [B] [C] [D]
69. [A] [B] [C] [D]
70. [A] [B] [C] [D]

71. [A] [B] [C] [D]
72. [A] [B] [C] [D]
73. [A] [B] [C] [D]
74. [A] [B] [C] [D]
75. [A] [B] [C] [D]

76. [A] [B] [C] [D]
77. [A] [B] [C] [D]
78. [A] [B] [C] [D]
79. [A] [B] [C] [D]
80. [A] [B] [C] [D]

81. [A] [B] [C] [D]
82. [A] [B] [C] [D]
83. [A] [B] [C] [D]
84. [A] [B] [C] [D]
85. [A] [B] [C] [D]

汉语水平考试 HSK（四级）答题卡

86.
___

87.
___

88.
___

89.
___

90.
___

91.
___

92.
___

93.
___

94.
___

95.
___

96.
___

97.
___

98.
___

99.
___

100.
___

汉语水平考试 HSK（四级）答题卡 ■

——请填写考生信息——

按照考试证件上的姓名填写：

姓名

如果有中文姓名，请填写：

中文姓名

考生序号

[0] [1] [2] [3] [4] [5] [6] [7] [8] [9]
[0] [1] [2] [3] [4] [5] [6] [7] [8] [9]
[0] [1] [2] [3] [4] [5] [6] [7] [8] [9]
[0] [1] [2] [3] [4] [5] [6] [7] [8] [9]
[0] [1] [2] [3] [4] [5] [6] [7] [8] [9]

——请填写考点信息——

考点代码

[0] [1] [2] [3] [4] [5] [6] [7] [8] [9]
[0] [1] [2] [3] [4] [5] [6] [7] [8] [9]
[0] [1] [2] [3] [4] [5] [6] [7] [8] [9]
[0] [1] [2] [3] [4] [5] [6] [7] [8] [9]
[0] [1] [2] [3] [4] [5] [6] [7] [8] [9]
[0] [1] [2] [3] [4] [5] [6] [7] [8] [9]

国籍

[0] [1] [2] [3] [4] [5] [6] [7] [8] [9]
[0] [1] [2] [3] [4] [5] [6] [7] [8] [9]
[0] [1] [2] [3] [4] [5] [6] [7] [8] [9]

年龄

[0] [1] [2] [3] [4] [5] [6] [7] [8] [9]
[0] [1] [2] [3] [4] [5] [6] [7] [8] [9]

性别　　　男　[1]　　　　女　[2]

注意　请用2B铅笔这样写：■

一、听力

1. [√] [×]
2. [√] [×]
3. [√] [×]
4. [√] [×]
5. [√] [×]

6. [√] [×]
7. [√] [×]
8. [√] [×]
9. [√] [×]
10. [√] [×]

11. [A] [B] [C] [D]
12. [A] [B] [C] [D]
13. [A] [B] [C] [D]
14. [A] [B] [C] [D]
15. [A] [B] [C] [D]

16. [A] [B] [C] [D]
17. [A] [B] [C] [D]
18. [A] [B] [C] [D]
19. [A] [B] [C] [D]
20. [A] [B] [C] [D]

21. [A] [B] [C] [D]
22. [A] [B] [C] [D]
23. [A] [B] [C] [D]
24. [A] [B] [C] [D]
25. [A] [B] [C] [D]

26. [A] [B] [C] [D]
27. [A] [B] [C] [D]
28. [A] [B] [C] [D]
29. [A] [B] [C] [D]
30. [A] [B] [C] [D]

31. [A] [B] [C] [D]
32. [A] [B] [C] [D]
33. [A] [B] [C] [D]
34. [A] [B] [C] [D]
35. [A] [B] [C] [D]

36. [A] [B] [C] [D]
37. [A] [B] [C] [D]
38. [A] [B] [C] [D]
39. [A] [B] [C] [D]
40. [A] [B] [C] [D]

41. [A] [B] [C] [D]
42. [A] [B] [C] [D]
43. [A] [B] [C] [D]
44. [A] [B] [C] [D]
45. [A] [B] [C] [D]

二、阅读

46. [A] [B] [C] [D] [E] [F]
47. [A] [B] [C] [D] [E] [F]
48. [A] [B] [C] [D] [E] [F]
49. [A] [B] [C] [D] [E] [F]
50. [A] [B] [C] [D] [E] [F]

51. [A] [B] [C] [D] [E] [F]
52. [A] [B] [C] [D] [E] [F]
53. [A] [B] [C] [D] [E] [F]
54. [A] [B] [C] [D] [E] [F]
55. [A] [B] [C] [D] [E] [F]

56.
57.
58.
59.
60.
61.
62.
63.
64.
65.

66. [A] [B] [C] [D]
67. [A] [B] [C] [D]
68. [A] [B] [C] [D]
69. [A] [B] [C] [D]
70. [A] [B] [C] [D]

71. [A] [B] [C] [D]
72. [A] [B] [C] [D]
73. [A] [B] [C] [D]
74. [A] [B] [C] [D]
75. [A] [B] [C] [D]

76. [A] [B] [C] [D]
77. [A] [B] [C] [D]
78. [A] [B] [C] [D]
79. [A] [B] [C] [D]
80. [A] [B] [C] [D]

81. [A] [B] [C] [D]
82. [A] [B] [C] [D]
83. [A] [B] [C] [D]
84. [A] [B] [C] [D]
85. [A] [B] [C] [D]

汉 语 水 平 考 试 HSK（四级）答 题 卡 ■

86.
___

87.
___

88.
___

89.
___

90.
___

91.
___

92.
___

93.
___

94.
___

95.
___

96.
___

97.
___

98.
___

99.
___

100.
___

■ 汉语水平考试 HSK（四级）答题卡 ■

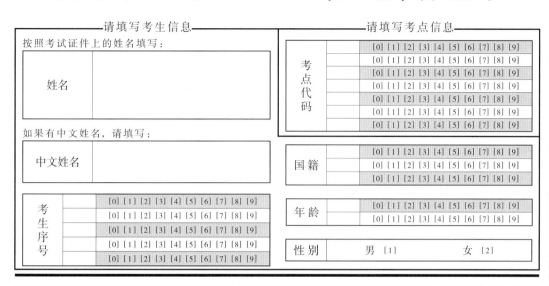

— 请填写考生信息 —

按照考试证件上的姓名填写：

| 姓名 | |

如果有中文姓名，请填写：

| 中文姓名 | |

考生序号

[0] [1] [2] [3] [4] [5] [6] [7] [8] [9]
[0] [1] [2] [3] [4] [5] [6] [7] [8] [9]
[0] [1] [2] [3] [4] [5] [6] [7] [8] [9]
[0] [1] [2] [3] [4] [5] [6] [7] [8] [9]
[0] [1] [2] [3] [4] [5] [6] [7] [8] [9]

— 请填写考点信息 —

考点代码

[0] [1] [2] [3] [4] [5] [6] [7] [8] [9]
[0] [1] [2] [3] [4] [5] [6] [7] [8] [9]
[0] [1] [2] [3] [4] [5] [6] [7] [8] [9]
[0] [1] [2] [3] [4] [5] [6] [7] [8] [9]
[0] [1] [2] [3] [4] [5] [6] [7] [8] [9]
[0] [1] [2] [3] [4] [5] [6] [7] [8] [9]
[0] [1] [2] [3] [4] [5] [6] [7] [8] [9]

国籍

[0] [1] [2] [3] [4] [5] [6] [7] [8] [9]
[0] [1] [2] [3] [4] [5] [6] [7] [8] [9]
[0] [1] [2] [3] [4] [5] [6] [7] [8] [9]

年龄

[0] [1] [2] [3] [4] [5] [6] [7] [8] [9]
[0] [1] [2] [3] [4] [5] [6] [7] [8] [9]

性别　　男 [1]　　　　女 [2]

| 注意 | 请用2B铅笔这样写： ■ |

一、听力

1. [√] [×]
2. [√] [×]
3. [√] [×]
4. [√] [×]
5. [√] [×]

6. [√] [×]
7. [√] [×]
8. [√] [×]
9. [√] [×]
10. [√] [×]

11. [A] [B] [C] [D]
12. [A] [B] [C] [D]
13. [A] [B] [C] [D]
14. [A] [B] [C] [D]
15. [A] [B] [C] [D]

16. [A] [B] [C] [D]
17. [A] [B] [C] [D]
18. [A] [B] [C] [D]
19. [A] [B] [C] [D]
20. [A] [B] [C] [D]

21. [A] [B] [C] [D]
22. [A] [B] [C] [D]
23. [A] [B] [C] [D]
24. [A] [B] [C] [D]
25. [A] [B] [C] [D]

26. [A] [B] [C] [D]
27. [A] [B] [C] [D]
28. [A] [B] [C] [D]
29. [A] [B] [C] [D]
30. [A] [B] [C] [D]

31. [A] [B] [C] [D]
32. [A] [B] [C] [D]
33. [A] [B] [C] [D]
34. [A] [B] [C] [D]
35. [A] [B] [C] [D]

36. [A] [B] [C] [D]
37. [A] [B] [C] [D]
38. [A] [B] [C] [D]
39. [A] [B] [C] [D]
40. [A] [B] [C] [D]

41. [A] [B] [C] [D]
42. [A] [B] [C] [D]
43. [A] [B] [C] [D]
44. [A] [B] [C] [D]
45. [A] [B] [C] [D]

二、阅读

46. [A] [B] [C] [D] [E] [F]
47. [A] [B] [C] [D] [E] [F]
48. [A] [B] [C] [D] [E] [F]
49. [A] [B] [C] [D] [E] [F]
50. [A] [B] [C] [D] [E] [F]

51. [A] [B] [C] [D] [E] [F]
52. [A] [B] [C] [D] [E] [F]
53. [A] [B] [C] [D] [E] [F]
54. [A] [B] [C] [D] [E] [F]
55. [A] [B] [C] [D] [E] [F]

56.　　58.　　60.　　62.　　64.

57.　　59.　　61.　　63.　　65.

66. [A] [B] [C] [D]
67. [A] [B] [C] [D]
68. [A] [B] [C] [D]
69. [A] [B] [C] [D]
70. [A] [B] [C] [D]

71. [A] [B] [C] [D]
72. [A] [B] [C] [D]
73. [A] [B] [C] [D]
74. [A] [B] [C] [D]
75. [A] [B] [C] [D]

76. [A] [B] [C] [D]
77. [A] [B] [C] [D]
78. [A] [B] [C] [D]
79. [A] [B] [C] [D]
80. [A] [B] [C] [D]

81. [A] [B] [C] [D]
82. [A] [B] [C] [D]
83. [A] [B] [C] [D]
84. [A] [B] [C] [D]
85. [A] [B] [C] [D]

86-100题接背面

三、书写

86.
_____

87.
_____

88.
_____

89.
_____

90.
_____

91.
_____

92.
_____

93.
_____

94.
_____

95.
_____

96.
_____

97.
_____

98.
_____

99.
_____

100.
_____

■ 汉语水平考试 HSK(四级)答题卡 ■

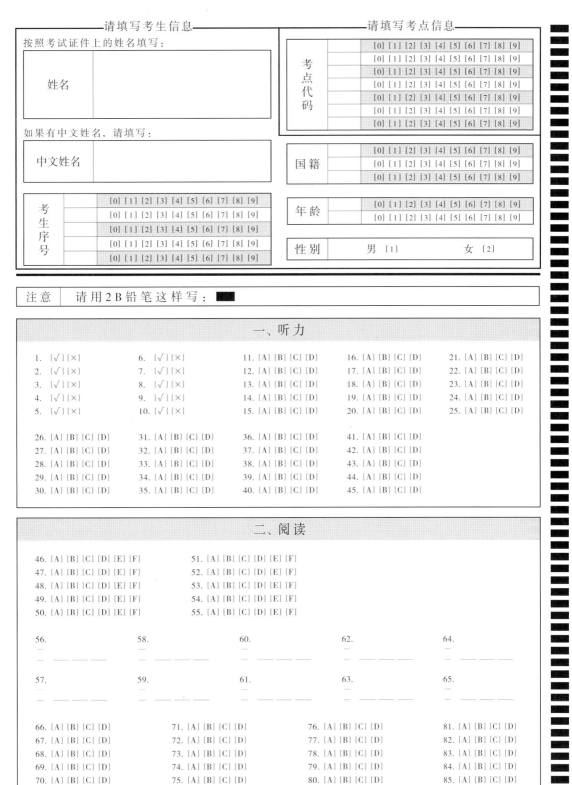

—请填写考生信息—

按照考试证件上的姓名填写:

姓名

如果有中文姓名,请填写:

中文姓名

考生序号	[0] [1] [2] [3] [4] [5] [6] [7] [8] [9]
	[0] [1] [2] [3] [4] [5] [6] [7] [8] [9]
	[0] [1] [2] [3] [4] [5] [6] [7] [8] [9]
	[0] [1] [2] [3] [4] [5] [6] [7] [8] [9]
	[0] [1] [2] [3] [4] [5] [6] [7] [8] [9]

—请填写考点信息—

考点代码	[0] [1] [2] [3] [4] [5] [6] [7] [8] [9]
	[0] [1] [2] [3] [4] [5] [6] [7] [8] [9]
	[0] [1] [2] [3] [4] [5] [6] [7] [8] [9]
	[0] [1] [2] [3] [4] [5] [6] [7] [8] [9]
	[0] [1] [2] [3] [4] [5] [6] [7] [8] [9]
	[0] [1] [2] [3] [4] [5] [6] [7] [8] [9]
	[0] [1] [2] [3] [4] [5] [6] [7] [8] [9]

国籍	[0] [1] [2] [3] [4] [5] [6] [7] [8] [9]
	[0] [1] [2] [3] [4] [5] [6] [7] [8] [9]
	[0] [1] [2] [3] [4] [5] [6] [7] [8] [9]

年龄	[0] [1] [2] [3] [4] [5] [6] [7] [8] [9]
	[0] [1] [2] [3] [4] [5] [6] [7] [8] [9]

性别	男 [1]　　　　女 [2]

注意　请用2B铅笔这样写: ■

一、听力

1. [√] [×]
2. [√] [×]
3. [√] [×]
4. [√] [×]
5. [√] [×]

6. [√] [×]
7. [√] [×]
8. [√] [×]
9. [√] [×]
10. [√] [×]

11. [A] [B] [C] [D]
12. [A] [B] [C] [D]
13. [A] [B] [C] [D]
14. [A] [B] [C] [D]
15. [A] [B] [C] [D]

16. [A] [B] [C] [D]
17. [A] [B] [C] [D]
18. [A] [B] [C] [D]
19. [A] [B] [C] [D]
20. [A] [B] [C] [D]

21. [A] [B] [C] [D]
22. [A] [B] [C] [D]
23. [A] [B] [C] [D]
24. [A] [B] [C] [D]
25. [A] [B] [C] [D]

26. [A] [B] [C] [D]
27. [A] [B] [C] [D]
28. [A] [B] [C] [D]
29. [A] [B] [C] [D]
30. [A] [B] [C] [D]

31. [A] [B] [C] [D]
32. [A] [B] [C] [D]
33. [A] [B] [C] [D]
34. [A] [B] [C] [D]
35. [A] [B] [C] [D]

36. [A] [B] [C] [D]
37. [A] [B] [C] [D]
38. [A] [B] [C] [D]
39. [A] [B] [C] [D]
40. [A] [B] [C] [D]

41. [A] [B] [C] [D]
42. [A] [B] [C] [D]
43. [A] [B] [C] [D]
44. [A] [B] [C] [D]
45. [A] [B] [C] [D]

二、阅读

46. [A] [B] [C] [D] [E] [F]
47. [A] [B] [C] [D] [E] [F]
48. [A] [B] [C] [D] [E] [F]
49. [A] [B] [C] [D] [E] [F]
50. [A] [B] [C] [D] [E] [F]

51. [A] [B] [C] [D] [E] [F]
52. [A] [B] [C] [D] [E] [F]
53. [A] [B] [C] [D] [E] [F]
54. [A] [B] [C] [D] [E] [F]
55. [A] [B] [C] [D] [E] [F]

56.

57.

58.

59.

60.

61.

62.

63.

64.

65.

66. [A] [B] [C] [D]
67. [A] [B] [C] [D]
68. [A] [B] [C] [D]
69. [A] [B] [C] [D]
70. [A] [B] [C] [D]

71. [A] [B] [C] [D]
72. [A] [B] [C] [D]
73. [A] [B] [C] [D]
74. [A] [B] [C] [D]
75. [A] [B] [C] [D]

76. [A] [B] [C] [D]
77. [A] [B] [C] [D]
78. [A] [B] [C] [D]
79. [A] [B] [C] [D]
80. [A] [B] [C] [D]

81. [A] [B] [C] [D]
82. [A] [B] [C] [D]
83. [A] [B] [C] [D]
84. [A] [B] [C] [D]
85. [A] [B] [C] [D]

三、书写

86.

87.

88.

89.

90.

91.

92.

93.

94.

95.

96.

97.

98.

99.

100.

■ 汉语水平考试 HSK (四级) 答题卡 ■

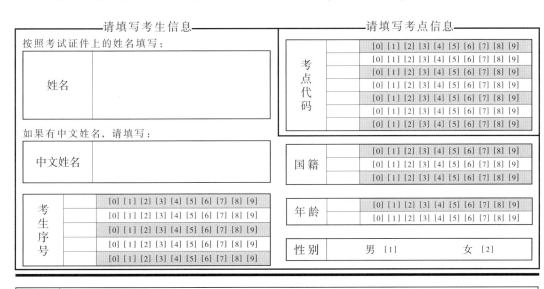

请填写考生信息

按照考试证件上的姓名填写：

姓名	

如果有中文姓名，请填写：

中文姓名	

考生序号	[0] [1] [2] [3] [4] [5] [6] [7] [8] [9]
	[0] [1] [2] [3] [4] [5] [6] [7] [8] [9]
	[0] [1] [2] [3] [4] [5] [6] [7] [8] [9]
	[0] [1] [2] [3] [4] [5] [6] [7] [8] [9]
	[0] [1] [2] [3] [4] [5] [6] [7] [8] [9]

请填写考点信息

考点代码	[0] [1] [2] [3] [4] [5] [6] [7] [8] [9]
	[0] [1] [2] [3] [4] [5] [6] [7] [8] [9]
	[0] [1] [2] [3] [4] [5] [6] [7] [8] [9]
	[0] [1] [2] [3] [4] [5] [6] [7] [8] [9]
	[0] [1] [2] [3] [4] [5] [6] [7] [8] [9]
	[0] [1] [2] [3] [4] [5] [6] [7] [8] [9]
	[0] [1] [2] [3] [4] [5] [6] [7] [8] [9]

国籍	[0] [1] [2] [3] [4] [5] [6] [7] [8] [9]
	[0] [1] [2] [3] [4] [5] [6] [7] [8] [9]
	[0] [1] [2] [3] [4] [5] [6] [7] [8] [9]

年龄	[0] [1] [2] [3] [4] [5] [6] [7] [8] [9]
	[0] [1] [2] [3] [4] [5] [6] [7] [8] [9]

性别	男 [1] 女 [2]

注意	请用2B铅笔这样写： ■

一、听力

1. [√] [×]   6. [√] [×]   11. [A] [B] [C] [D]   16. [A] [B] [C] [D]   21. [A] [B] [C] [D]
2. [√] [×]   7. [√] [×]   12. [A] [B] [C] [D]   17. [A] [B] [C] [D]   22. [A] [B] [C] [D]
3. [√] [×]   8. [√] [×]   13. [A] [B] [C] [D]   18. [A] [B] [C] [D]   23. [A] [B] [C] [D]
4. [√] [×]   9. [√] [×]   14. [A] [B] [C] [D]   19. [A] [B] [C] [D]   24. [A] [B] [C] [D]
5. [√] [×]   10. [√] [×]   15. [A] [B] [C] [D]   20. [A] [B] [C] [D]   25. [A] [B] [C] [D]

26. [A] [B] [C] [D]   31. [A] [B] [C] [D]   36. [A] [B] [C] [D]   41. [A] [B] [C] [D]
27. [A] [B] [C] [D]   32. [A] [B] [C] [D]   37. [A] [B] [C] [D]   42. [A] [B] [C] [D]
28. [A] [B] [C] [D]   33. [A] [B] [C] [D]   38. [A] [B] [C] [D]   43. [A] [B] [C] [D]
29. [A] [B] [C] [D]   34. [A] [B] [C] [D]   39. [A] [B] [C] [D]   44. [A] [B] [C] [D]
30. [A] [B] [C] [D]   35. [A] [B] [C] [D]   40. [A] [B] [C] [D]   45. [A] [B] [C] [D]

二、阅读

46. [A] [B] [C] [D] [E] [F]   51. [A] [B] [C] [D] [E] [F]
47. [A] [B] [C] [D] [E] [F]   52. [A] [B] [C] [D] [E] [F]
48. [A] [B] [C] [D] [E] [F]   53. [A] [B] [C] [D] [E] [F]
49. [A] [B] [C] [D] [E] [F]   54. [A] [B] [C] [D] [E] [F]
50. [A] [B] [C] [D] [E] [F]   55. [A] [B] [C] [D] [E] [F]

56. ____   58. ____   60. ____   62. ____   64. ____

57. ____   59. ____   61. ____   63. ____   65. ____

66. [A] [B] [C] [D]   71. [A] [B] [C] [D]   76. [A] [B] [C] [D]   81. [A] [B] [C] [D]
67. [A] [B] [C] [D]   72. [A] [B] [C] [D]   77. [A] [B] [C] [D]   82. [A] [B] [C] [D]
68. [A] [B] [C] [D]   73. [A] [B] [C] [D]   78. [A] [B] [C] [D]   83. [A] [B] [C] [D]
69. [A] [B] [C] [D]   74. [A] [B] [C] [D]   79. [A] [B] [C] [D]   84. [A] [B] [C] [D]
70. [A] [B] [C] [D]   75. [A] [B] [C] [D]   80. [A] [B] [C] [D]   85. [A] [B] [C] [D]

86-100题接背面

汉语水平考试 HSK（四级）答题卡

86.
___

87.
___

88.
___

89.
___

90.
___

91.
___

92.
___

93.
___

94.
___

95.
___

96.
___

97.
___

98.
___

99.
___

100.
___

不要写到框线以外！

汉 语 水 平 考 试 ＨＳＫ（四 级）答 题 卡 ■

注意　请用2B铅笔这样写：　■

一、听力

1. [√] [×]
2. [√] [×]
3. [√] [×]
4. [√] [×]
5. [√] [×]

6. [√] [×]
7. [√] [×]
8. [√] [×]
9. [√] [×]
10. [√] [×]

11. [A] [B] [C] [D]
12. [A] [B] [C] [D]
13. [A] [B] [C] [D]
14. [A] [B] [C] [D]
15. [A] [B] [C] [D]

16. [A] [B] [C] [D]
17. [A] [B] [C] [D]
18. [A] [B] [C] [D]
19. [A] [B] [C] [D]
20. [A] [B] [C] [D]

21. [A] [B] [C] [D]
22. [A] [B] [C] [D]
23. [A] [B] [C] [D]
24. [A] [B] [C] [D]
25. [A] [B] [C] [D]

26. [A] [B] [C] [D]
27. [A] [B] [C] [D]
28. [A] [B] [C] [D]
29. [A] [B] [C] [D]
30. [A] [B] [C] [D]

31. [A] [B] [C] [D]
32. [A] [B] [C] [D]
33. [A] [B] [C] [D]
34. [A] [B] [C] [D]
35. [A] [B] [C] [D]

36. [A] [B] [C] [D]
37. [A] [B] [C] [D]
38. [A] [B] [C] [D]
39. [A] [B] [C] [D]
40. [A] [B] [C] [D]

41. [A] [B] [C] [D]
42. [A] [B] [C] [D]
43. [A] [B] [C] [D]
44. [A] [B] [C] [D]
45. [A] [B] [C] [D]

二、阅读

46. [A] [B] [C] [D] [E] [F]
47. [A] [B] [C] [D] [E] [F]
48. [A] [B] [C] [D] [E] [F]
49. [A] [B] [C] [D] [E] [F]
50. [A] [B] [C] [D] [E] [F]

51. [A] [B] [C] [D] [E] [F]
52. [A] [B] [C] [D] [E] [F]
53. [A] [B] [C] [D] [E] [F]
54. [A] [B] [C] [D] [E] [F]
55. [A] [B] [C] [D] [E] [F]

56.

57.

58.

59.

60.

61.

62.

63.

64.

65.

66. [A] [B] [C] [D]
67. [A] [B] [C] [D]
68. [A] [B] [C] [D]
69. [A] [B] [C] [D]
70. [A] [B] [C] [D]

71. [A] [B] [C] [D]
72. [A] [B] [C] [D]
73. [A] [B] [C] [D]
74. [A] [B] [C] [D]
75. [A] [B] [C] [D]

76. [A] [B] [C] [D]
77. [A] [B] [C] [D]
78. [A] [B] [C] [D]
79. [A] [B] [C] [D]
80. [A] [B] [C] [D]

81. [A] [B] [C] [D]
82. [A] [B] [C] [D]
83. [A] [B] [C] [D]
84. [A] [B] [C] [D]
85. [A] [B] [C] [D]

86-100题接背面

汉 语 水 平 考 试 HSK（四级）答 题 卡

三、书写

86.
——_____

87.
——_____

88.
——_____

89.
——_____

90.
——_____

91.
——_____

92.
——_____

93.
——_____

94.
——_____

95.
——_____

96.
——_____

97.
——_____

98.
——_____

99.
——_____

100.
——_____

不要写到框线以外！

汉语水平考试 HSK(四级)答题卡 ■

━请填写考生信息━

按照考试证件上的姓名填写:

| 姓名 | |

如果有中文姓名,请填写:

| 中文姓名 | |

考生序号	[0] [1] [2] [3] [4] [5] [6] [7] [8] [9]
	[0] [1] [2] [3] [4] [5] [6] [7] [8] [9]
	[0] [1] [2] [3] [4] [5] [6] [7] [8] [9]
	[0] [1] [2] [3] [4] [5] [6] [7] [8] [9]
	[0] [1] [2] [3] [4] [5] [6] [7] [8] [9]

━请填写考点信息━

考点代码	[0] [1] [2] [3] [4] [5] [6] [7] [8] [9]
	[0] [1] [2] [3] [4] [5] [6] [7] [8] [9]
	[0] [1] [2] [3] [4] [5] [6] [7] [8] [9]
	[0] [1] [2] [3] [4] [5] [6] [7] [8] [9]
	[0] [1] [2] [3] [4] [5] [6] [7] [8] [9]
	[0] [1] [2] [3] [4] [5] [6] [7] [8] [9]
	[0] [1] [2] [3] [4] [5] [6] [7] [8] [9]

国籍	[0] [1] [2] [3] [4] [5] [6] [7] [8] [9]
	[0] [1] [2] [3] [4] [5] [6] [7] [8] [9]
	[0] [1] [2] [3] [4] [5] [6] [7] [8] [9]

| 年龄 | [0] [1] [2] [3] [4] [5] [6] [7] [8] [9] |
| | [0] [1] [2] [3] [4] [5] [6] [7] [8] [9] |

| 性别 | 男 [1]　　　　女 [2] |

| 注意 | 请用2B铅笔这样写: ■ |

一、听力

1. [√] [×]　　6. [√] [×]　　11. [A] [B] [C] [D]　　16. [A] [B] [C] [D]　　21. [A] [B] [C] [D]
2. [√] [×]　　7. [√] [×]　　12. [A] [B] [C] [D]　　17. [A] [B] [C] [D]　　22. [A] [B] [C] [D]
3. [√] [×]　　8. [√] [×]　　13. [A] [B] [C] [D]　　18. [A] [B] [C] [D]　　23. [A] [B] [C] [D]
4. [√] [×]　　9. [√] [×]　　14. [A] [B] [C] [D]　　19. [A] [B] [C] [D]　　24. [A] [B] [C] [D]
5. [√] [×]　　10. [√] [×]　　15. [A] [B] [C] [D]　　20. [A] [B] [C] [D]　　25. [A] [B] [C] [D]

26. [A] [B] [C] [D]　　31. [A] [B] [C] [D]　　36. [A] [B] [C] [D]　　41. [A] [B] [C] [D]
27. [A] [B] [C] [D]　　32. [A] [B] [C] [D]　　37. [A] [B] [C] [D]　　42. [A] [B] [C] [D]
28. [A] [B] [C] [D]　　33. [A] [B] [C] [D]　　38. [A] [B] [C] [D]　　43. [A] [B] [C] [D]
29. [A] [B] [C] [D]　　34. [A] [B] [C] [D]　　39. [A] [B] [C] [D]　　44. [A] [B] [C] [D]
30. [A] [B] [C] [D]　　35. [A] [B] [C] [D]　　40. [A] [B] [C] [D]　　45. [A] [B] [C] [D]

二、阅读

46. [A] [B] [C] [D] [E] [F]　　51. [A] [B] [C] [D] [E] [F]
47. [A] [B] [C] [D] [E] [F]　　52. [A] [B] [C] [D] [E] [F]
48. [A] [B] [C] [D] [E] [F]　　53. [A] [B] [C] [D] [E] [F]
49. [A] [B] [C] [D] [E] [F]　　54. [A] [B] [C] [D] [E] [F]
50. [A] [B] [C] [D] [E] [F]　　55. [A] [B] [C] [D] [E] [F]

56.　　　58.　　　60.　　　62.　　　64.

57.　　　59.　　　61.　　　63.　　　65.

66. [A] [B] [C] [D]　　71. [A] [B] [C] [D]　　76. [A] [B] [C] [D]　　81. [A] [B] [C] [D]
67. [A] [B] [C] [D]　　72. [A] [B] [C] [D]　　77. [A] [B] [C] [D]　　82. [A] [B] [C] [D]
68. [A] [B] [C] [D]　　73. [A] [B] [C] [D]　　78. [A] [B] [C] [D]　　83. [A] [B] [C] [D]
69. [A] [B] [C] [D]　　74. [A] [B] [C] [D]　　79. [A] [B] [C] [D]　　84. [A] [B] [C] [D]
70. [A] [B] [C] [D]　　75. [A] [B] [C] [D]　　80. [A] [B] [C] [D]　　85. [A] [B] [C] [D]

86-100题接背面

三、书写

86.
___

87.
___

88.
___

89.
___

90.
___

91.
___

92.
___

93.
___

94.
___

95.
___

96.
___

97.
___

98.
___

99.
___

100.
___

■ 汉语水平考试 HSK（四级）答题卡 ■

一、听力

1. [√] [×]
2. [√] [×]
3. [√] [×]
4. [√] [×]
5. [√] [×]

6. [√] [×]
7. [√] [×]
8. [√] [×]
9. [√] [×]
10. [√] [×]

11. [A] [B] [C] [D]
12. [A] [B] [C] [D]
13. [A] [B] [C] [D]
14. [A] [B] [C] [D]
15. [A] [B] [C] [D]

16. [A] [B] [C] [D]
17. [A] [B] [C] [D]
18. [A] [B] [C] [D]
19. [A] [B] [C] [D]
20. [A] [B] [C] [D]

21. [A] [B] [C] [D]
22. [A] [B] [C] [D]
23. [A] [B] [C] [D]
24. [A] [B] [C] [D]
25. [A] [B] [C] [D]

26. [A] [B] [C] [D]
27. [A] [B] [C] [D]
28. [A] [B] [C] [D]
29. [A] [B] [C] [D]
30. [A] [B] [C] [D]

31. [A] [B] [C] [D]
32. [A] [B] [C] [D]
33. [A] [B] [C] [D]
34. [A] [B] [C] [D]
35. [A] [B] [C] [D]

36. [A] [B] [C] [D]
37. [A] [B] [C] [D]
38. [A] [B] [C] [D]
39. [A] [B] [C] [D]
40. [A] [B] [C] [D]

41. [A] [B] [C] [D]
42. [A] [B] [C] [D]
43. [A] [B] [C] [D]
44. [A] [B] [C] [D]
45. [A] [B] [C] [D]

二、阅读

46. [A] [B] [C] [D] [E] [F]
47. [A] [B] [C] [D] [E] [F]
48. [A] [B] [C] [D] [E] [F]
49. [A] [B] [C] [D] [E] [F]
50. [A] [B] [C] [D] [E] [F]

51. [A] [B] [C] [D] [E] [F]
52. [A] [B] [C] [D] [E] [F]
53. [A] [B] [C] [D] [E] [F]
54. [A] [B] [C] [D] [E] [F]
55. [A] [B] [C] [D] [E] [F]

56.
57.
58.
59.
60.
61.
62.
63.
64.
65.

66. [A] [B] [C] [D]
67. [A] [B] [C] [D]
68. [A] [B] [C] [D]
69. [A] [B] [C] [D]
70. [A] [B] [C] [D]

71. [A] [B] [C] [D]
72. [A] [B] [C] [D]
73. [A] [B] [C] [D]
74. [A] [B] [C] [D]
75. [A] [B] [C] [D]

76. [A] [B] [C] [D]
77. [A] [B] [C] [D]
78. [A] [B] [C] [D]
79. [A] [B] [C] [D]
80. [A] [B] [C] [D]

81. [A] [B] [C] [D]
82. [A] [B] [C] [D]
83. [A] [B] [C] [D]
84. [A] [B] [C] [D]
85. [A] [B] [C] [D]

汉语水平考试 HSK（四级）答题卡

86.

87.

88.

89.

90.

91.

92.

93.

94.

95.

96.

97.

98.

99.

100.

汉语水平考试 HSK（四级）答题卡 ■

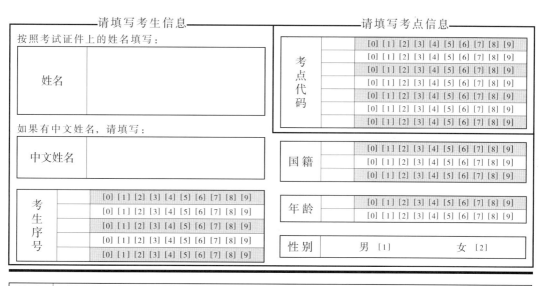

注意 | 请用2B铅笔这样写：■■

一、听力

1. [√] [×]
2. [√] [×]
3. [√] [×]
4. [√] [×]
5. [√] [×]

6. [√] [×]
7. [√] [×]
8. [√] [×]
9. [√] [×]
10. [√] [×]

11. [A] [B] [C] [D]
12. [A] [B] [C] [D]
13. [A] [B] [C] [D]
14. [A] [B] [C] [D]
15. [A] [B] [C] [D]

16. [A] [B] [C] [D]
17. [A] [B] [C] [D]
18. [A] [B] [C] [D]
19. [A] [B] [C] [D]
20. [A] [B] [C] [D]

21. [A] [B] [C] [D]
22. [A] [B] [C] [D]
23. [A] [B] [C] [D]
24. [A] [B] [C] [D]
25. [A] [B] [C] [D]

26. [A] [B] [C] [D]
27. [A] [B] [C] [D]
28. [A] [B] [C] [D]
29. [A] [B] [C] [D]
30. [A] [B] [C] [D]

31. [A] [B] [C] [D]
32. [A] [B] [C] [D]
33. [A] [B] [C] [D]
34. [A] [B] [C] [D]
35. [A] [B] [C] [D]

36. [A] [B] [C] [D]
37. [A] [B] [C] [D]
38. [A] [B] [C] [D]
39. [A] [B] [C] [D]
40. [A] [B] [C] [D]

41. [A] [B] [C] [D]
42. [A] [B] [C] [D]
43. [A] [B] [C] [D]
44. [A] [B] [C] [D]
45. [A] [B] [C] [D]

二、阅读

46. [A] [B] [C] [D] [E] [F]
47. [A] [B] [C] [D] [E] [F]
48. [A] [B] [C] [D] [E] [F]
49. [A] [B] [C] [D] [E] [F]
50. [A] [B] [C] [D] [E] [F]

51. [A] [B] [C] [D] [E] [F]
52. [A] [B] [C] [D] [E] [F]
53. [A] [B] [C] [D] [E] [F]
54. [A] [B] [C] [D] [E] [F]
55. [A] [B] [C] [D] [E] [F]

56.

57.

58.

59.

60.

61.

62.

63.

64.

65.

66. [A] [B] [C] [D]
67. [A] [B] [C] [D]
68. [A] [B] [C] [D]
69. [A] [B] [C] [D]
70. [A] [B] [C] [D]

71. [A] [B] [C] [D]
72. [A] [B] [C] [D]
73. [A] [B] [C] [D]
74. [A] [B] [C] [D]
75. [A] [B] [C] [D]

76. [A] [B] [C] [D]
77. [A] [B] [C] [D]
78. [A] [B] [C] [D]
79. [A] [B] [C] [D]
80. [A] [B] [C] [D]

81. [A] [B] [C] [D]
82. [A] [B] [C] [D]
83. [A] [B] [C] [D]
84. [A] [B] [C] [D]
85. [A] [B] [C] [D]

86-100题接背面

三、书写

86. _____

87. _____

88. _____

89. _____

90. _____

91. _____

92. _____

93. _____

94. _____

95. _____

96. _____

97. _____

98. _____

99. _____

100. _____

汉 语 水 平 考 试 H S K（四级）答 题 卡 ■

一、听力

1. [√] [×]
2. [√] [×]
3. [√] [×]
4. [√] [×]
5. [√] [×]

6. [√] [×]
7. [√] [×]
8. [√] [×]
9. [√] [×]
10. [√] [×]

11. [A] [B] [C] [D]
12. [A] [B] [C] [D]
13. [A] [B] [C] [D]
14. [A] [B] [C] [D]
15. [A] [B] [C] [D]

16. [A] [B] [C] [D]
17. [A] [B] [C] [D]
18. [A] [B] [C] [D]
19. [A] [B] [C] [D]
20. [A] [B] [C] [D]

21. [A] [B] [C] [D]
22. [A] [B] [C] [D]
23. [A] [B] [C] [D]
24. [A] [B] [C] [D]
25. [A] [B] [C] [D]

26. [A] [B] [C] [D]
27. [A] [B] [C] [D]
28. [A] [B] [C] [D]
29. [A] [B] [C] [D]
30. [A] [B] [C] [D]

31. [A] [B] [C] [D]
32. [A] [B] [C] [D]
33. [A] [B] [C] [D]
34. [A] [B] [C] [D]
35. [A] [B] [C] [D]

36. [A] [B] [C] [D]
37. [A] [B] [C] [D]
38. [A] [B] [C] [D]
39. [A] [B] [C] [D]
40. [A] [B] [C] [D]

41. [A] [B] [C] [D]
42. [A] [B] [C] [D]
43. [A] [B] [C] [D]
44. [A] [B] [C] [D]
45. [A] [B] [C] [D]

二、阅读

46. [A] [B] [C] [D] [E] [F]
47. [A] [B] [C] [D] [E] [F]
48. [A] [B] [C] [D] [E] [F]
49. [A] [B] [C] [D] [E] [F]
50. [A] [B] [C] [D] [E] [F]

51. [A] [B] [C] [D] [E] [F]
52. [A] [B] [C] [D] [E] [F]
53. [A] [B] [C] [D] [E] [F]
54. [A] [B] [C] [D] [E] [F]
55. [A] [B] [C] [D] [E] [F]

56.

57.

58.

59.

60.

61.

62.

63.

64.

65.

66. [A] [B] [C] [D]
67. [A] [B] [C] [D]
68. [A] [B] [C] [D]
69. [A] [B] [C] [D]
70. [A] [B] [C] [D]

71. [A] [B] [C] [D]
72. [A] [B] [C] [D]
73. [A] [B] [C] [D]
74. [A] [B] [C] [D]
75. [A] [B] [C] [D]

76. [A] [B] [C] [D]
77. [A] [B] [C] [D]
78. [A] [B] [C] [D]
79. [A] [B] [C] [D]
80. [A] [B] [C] [D]

81. [A] [B] [C] [D]
82. [A] [B] [C] [D]
83. [A] [B] [C] [D]
84. [A] [B] [C] [D]
85. [A] [B] [C] [D]

三、书写

86.
___

87.
___

88.
___

89.
___

90.
___

91.
___

92.
___

93.
___

94.
___

95.
___

96.
___

97.
___

98.
___

99.
___

100.
___

"베스트셀러 교재와
베스트 강의가 하나로 만났다!"

맛있는스쿨 │ www.cyberjrc.com 🔍

외국어 전 강좌 인강 풀패키지	**영어 전 강좌** 인강 풀패키지	**중국어 전 강좌** 인강 풀패키지
일본어 전 강좌 인강 풀패키지	**베트남어 전 강좌** 인강 풀패키지	**태국어, 러시아어** 기타 외국어